HSP
のための
ハッピーアドバイス

精神科医
明橋大二

はじめに

どうして自分はこんなに人間関係に疲れてしまうんだろう。周りはそれほど苦労しているようには見えないのに……。

そう感じたことはないでしょうか。

たとえば、親しい間柄でも、

「少し機嫌が悪いだけで、落ち着かなくなる」

「言葉の裏まで読んで、ずっと考え込んでしまう」

「相手に悪いと思って、いつも自分の気持ちを後回しにする」

というように、人一倍気を遣う一方で、周りからは、

「気にしすぎじゃない？」
「それはマイナス思考だよ」
「もっと自分を大切にしたらいいのに」
などと言われる。

こんな自分ではダメだと思って、よけいに落ち込んだり、不本意な方向に努力をして、かえって疲れ果ててしまったりすることもあります。

こうした悩みのほとんどは、もしかすると、あなたの中の「敏感さ」が関係しているのかもしれません。

近年、この「敏感さ」という特性が、人間関係をはじめ、子育てや心の健康を考えるうえで、大きな影響を持つことがわかってきました。

同じ環境にいても、傷つく人と、傷つかない人がいる。同じ言葉でも、受け取り方によって大きな違いが出てくるということです。

私は40年近く、精神科医としてさまざまな患者さんを診てきました。その中で常に考えてきたのは、この人はどうしてこのように病んでしまったのかということです。

それは、脳が原因だ、と主張する人もあります。

一方で、親の育て方が原因だ、と言う人もあります。

もちろん現実には、さまざまな要因が重なって起きるのですが、その中で、今までの精神医学、心理学が、大きく見落としてきたものがありました。

それが、**生まれ持った「気質」**という問題です。

私が医者になった頃は、精神分析の影響もあって、幼少期の育てられ方に原因を見出そうとする議論が活発になされていました。

しかし最近は、むしろ脳の神経伝達物質の異常が原因だから、それを薬で治そう、という考え方が主流になっています。

ところが、ストレスを抱え、心身に不調をきたして相談に来る人たちを診ているうちに、気づいたことがありました。

彼らは、**他人の気づかないところに気づく鋭い感性や、人の気持ちを察知する優しい性格を持ちながら、自分に合わない環境の中で無理を続けて、調子を崩してしまっている**、ということです。

しかも、そういう人たちは最終的に、

「みんなはちゃんと仕事をしているのに、自分だけ具合が悪くなるのは、やっぱり私が弱いからですよね」

と自分を責めています。

そこで私が、

「このことを会社の上司には相談しましたか？」

と聞くと、

「いいえ、そんなことを言ったら、上司が自分のせいだと思って傷つくかもしれないじゃないですか。そう思うと、なかなか言えないです」

と言われます。

自分の体調が限界まできているのに、なお、相手のことまで気遣う優しさに心打たれます。

そしてそういう心優しき人だからこそ、これからは自分を大切にして、健やかに、幸せに過ごしてもらいたいと強く願わずにおれないのです。

またそういう人に、

「少し休みを取って、実家でのんびりしてきたらどうですか？」

と提案すると、

「実は、親とはあまり関係が良くないんです」

と言われることがあります。

「どういうことですか？」

と聞くと、

「別にいつもケンカしているってわけじゃないんですけど、実家にいても、逆に親に気を遣ってしまって、結局疲れるんです」

と言われます。そして、

「親はたぶん、私がこういう気持ちでいることを知らないと思います。

私も最初は、親にわかってもらおうとしたんですけど、しばらく話をすると、『それはあなたの気にしすぎよ。だれだって職場のストレスなんてあるんだから、そんなことをいちいち気にしていたら、生きていけないわよ』とか言われるんです。

親もこんな話、聞きたくないと思うし、だから最近はもう、親に何も言わないことにしました」

「そうですか。ところで、ごきょうだいはいるんですか？」

「はい、妹と弟がいます」

「妹さんと弟さんも、やっぱり親御さんには何も言わないんですか？」

「いや、妹や弟は、言いたいことを言ってます。私とは全然、性格が違うんです」

「妹や弟さんは、親御さんに言いたいことを言って、嫌がられてはいないんですか？」

「いや、逆に私より、可愛がられている感じです」

こういうところでも、やはり性格の違い、持って生まれた気質の違いから、親との関係も随分《ずいぶん》違ってくるのだな、と感じてきたのでした。

そんなときに出会ったのが、アメリカの心理学者、エレイン・N・アーロン氏の書かれた『The Highly Sensitive Person（人一倍敏感な人）』という本でした。それを読んだとき、まさに私が診察の中で感じていたことそのものだと、強く共感を覚えたのです。

この世には、「敏感さ」という生まれつきの気質を持った人がいる。そういう人は、いい環境であれば、その恩恵を十二分に受けるけれども、良くない環境だと、またその影響を人一倍受ける。

だから、**何より大切なのは、環境を選ぶこと。**

決して、本人が弱いとか、忍耐力がないとか、協調性がないとか、そういう問題ではなく、単なる気質の違いであって、そこに良いも悪いもない。

だから、人と違うからと言って、決して自分を責める必要はない。

これも人間の多様性の一つなんだ、と。


目が開かれた思いがした私は、それ以来、相談に来る人に、この「敏感さ」という特性を伝えるようになりました。

「この世には、人一倍敏感な人というのがいるんだよ」

「人間関係で苦しむのは、あなたが弱いわけでも、怠《なま》けているわけでもないんだよ」

と言うと、驚いて、

「確かに私はそうかもしれない」

「なんかほっとしました」

と言われるのです。

さらに私は、病気でない人の中にも、「この人は、人一倍敏感な人だな」と感ずる人に出会うようになりました。敏感さのメリットにも気づくようになりました。

むしろ、敏感な人は、人の傷みや苦痛に気づきやすく、人を心地よくすることに長《た》けています。

環境の微妙な変化に気づき、さまざまな危険を回避することができます。

この社会は、そういう敏感な人のおかげで、多くの恩恵を受けていることもわかってきました。

しかし周囲を見渡すと、当時、このＨＳＰという概念を知っている人は、専門家の中にもほとんどいませんでした。これはぜひ、多くの日本の人にも知ってもらいたいと思い、いくつかのアーロン氏の本を翻訳することになったのです。

本書は、ＨＳＰという気質に関する知見を通じて、特にわれわれの生きづらさの元になっている人間関係に光をあて、その悩みを少しでも解消させようとするものです。

どの章も、具体的な悩みに答えていますので、あなたの悩みに応じた章から読んでいただいてかまいません。

この本が、さまざまな違いを持った人が互いに理解し合い、生きやすい世の中になる、ささやかな一助になることを願ってやみません。

明橋　大二

目次

2

あなたはあなたのままでいてください
――敏感な「わたし」を知る

3 相手がHSPでも非HSPでも、うまくつきあっていけます
――場合別コミュニケーション

4 あなたに必要なのは、心から甘えられる関係です
――親密さを恐れる8つの理由

5 相手も自分も傷つけず、気持ちを伝えるには？
――柔軟な境界線を引くためのレッスン

6 子どもの頃、感情を押し殺してきませんでしたか？
――安心できる居場所を求めて

7

HSPの生きやすい世界は、すべての人が生きやすい世界です
――ニューロダイバーシティ

周りに合わせられなくても、あなたの価値は変わらない ……………… 292

「他人と違う」という偏見のレッテルをはがそう

多様性を認めれば、すべての人が生きやすい社会に

第1章

相手も自分も変えられない。だけど関係は変えられる

―人間関係が楽になる基本―

人間関係のトラブルのほとんどは「関係」にあります

人間関係の問題は、そもそもどこから起きてくるのでしょうか。

たとえば、こういったことがあります。

あるとき、私の診察室に、一人の女性が来られました。

その方は、夫がいかに気づかない人で、配慮に欠けていて、自己中心的であるかを延々と語られます。そういう話を聞くと、確かに夫はひどい人間だな、そんな人なら別れることも考えていいんじゃないかな、と思います。

ところがそのうちに、夫にも来てもらって、直接話を聞いてみると、夫の話もそれなりにもっともで、そんな極悪非道な人ではないような気がしてくる。むしろ、奥さんのほうが少々神経質で、感情的で、改めるべき点が多少なりともあるように思えてきます。

それをまた奥さんに伝えると、

「あの人は外面がいいんですよ。家では全然違うんです」

と言われます。

さて、この夫婦にケンカが絶えないのは、一体どちらに原因があるのでしょうか。

二人以上の人がいれば、そこには多かれ少なかれ対立が起きます。人にはそれぞれに気持ちがあり、考慮すべき事情がありますだとすれば、**人間関係の問題の本質は、それぞれの個人にあるというよりも、「関係（あいだ）」にある**と言えるのではないでしょうか。

言葉を換えれば、お互いの「違い」と言えるかもしれません。

対立したときは、敏感さの違いに目を向けてみましょう

その「関係」「違い」を考えるうえで大切なのが、お互いの、生まれ育ってきた**「環境」**と、持って生まれた**「気質」**です。

生まれ育った環境が違えば、考え方も違ってきます。親がルールに厳格な家で育った人は、ルールを守らない人を、「とてもルーズな人だ」と思うでしょう。逆に、ルールについてとやかく言わない、おおらかな家で育った人は、ルールを厳格に言う人を、「融通がきかない」と非難するでしょう。

育った環境の違いは、比較的わかりやすいですし、納得することも多いと思います。

しかしもう一つの要因、「持って生まれた気質」の違いについては、私たちは意外と意識してこなかったのではないでしょうか。

しかしこの気質の違い、特にその中でも、**「敏感さ」という気質の違いは、人間関係の困難を引き起こす、大きな要因の一つ**です。

そこで、この本では、「敏感さ」という気質をキーワードに、エレイン・N・アーロン氏の理論を手がかりにしながら、人間関係の悩みをどのように解消してゆくかを考えていきたいと思います。

ここで、いくつかのわかりやすい例で考えてみましょう。

職場の場合「上司が不機嫌なだけで不安になる」

たとえば、会社で上司が不機嫌にしているとします。

実際は、ほとんどの場合、上司に何かストレスがたまっていて、それを会社でも出しているだけでしょう。

ですから、「今日は、上司がピリピリしているな。何かおもしろくないことでもあったのかな。あまり近づかないようにしよう」くらいに思います。

ところが敏感な人は、そういう上司を見ると、不機嫌さを敏感に感じ取って、その原因を自分に求めてしまいます。

「自分が何か怒らせるようなことを言ったのかな。何だろう。もしかして、先日出した書類が不出来だったたからかな。それとも、この間の会議のときに何か失礼なことを言ってしまったのかな。何だろう。どうしよう。謝ったほうがいいのかな……」と、ずっと悩み続けてしまいます。

場合によっては、変に上司の機嫌をとるようなことをしてしまいます。

たとえば、気を利かしてコーヒーを持って行くとします。

そうすると、上司は不機嫌なので、

「今は別にコーヒーはいらないから」

と、ぶっきらぼうに言ってしまいます。

それは、決してコーヒーを持って行ったことを怒っているのではないし、こちらを怒っているわけでもない。ただ別のことで不機嫌だから、そういう言い方になってしまうのです。

ところが、「やっぱり私のこと怒っているんだ。だから私の入れたコーヒーは飲みたくないんだ。どうしよう……」と思ってしまいます。

もし、あとで上司が機嫌を直したときに、そのことを率直に尋ねることができたなら、

「いや、別に君のことで怒ってたんじゃないよ。何、自分のせいだと思ってたの？違う違う。心配しすぎだよ」

と、ほとんどの場合、言われると思います。

「なんだ、私のことで怒っているんじゃなかったんだ。心配して損した」となるのですが、そういうことも確認できないとなると、ずっと後まで、「自分は嫌われているんじゃないか」と引きずることになってしまいます。

夫婦の場合「話を聞いてくれないと無視されたように思う」

夫婦や恋人、親子のような親しい関係でも、同様のことがあります。

たとえば夫が、ちっとも話を聞いてくれず、ゲームばかりしているとします。

それは、実際には彼がゲームをやりだすと、単に集中してしまってほかのことが耳

に入らないだけです。

ですからそういう場合、「この人はゲームをやりだすと、本当にそっちに集中してしまうんだから。困った人ね」と考えて、時には、「ゲームもいいけど、今は大事な話なの。だから私の話を聞いてくれない？」と言えばいいだけのことです。

ところが、敏感な人はそうではありません。

「話を聞いてくれないのは、私に関心がないからね。きっと私のことなんて、どうでもいいんだわ」と思って話せなくなってしまいます。

そういうことが続くと、とうとう爆発して、

「いっつも私のこと無視して！　どうせ私のことよりゲームのほうが大事なんでしょう!!」

とキレてしまいます。

夫はそこで初めて気づいて、

「どうして？　無視なんかしてないじゃないか！」

「無視してるわよ。いっつもゲームばっかりして！」

「別に、おまえよりゲームのほうが大事だなんて言ってないだろう」
「だって、私の話なんかどうでもいいんでしょ」
「どうでもいいなんて言ってないじゃないか。大事な話なら、ちゃんと聞くよ」
「そんなこと、いちいち言わないとわからないの？　信じられない！」
……となってしまいます。

夫のほうも、もっと早く妻の気持ちに気づく必要はありますが、妻もまた、必要以上に夫の気持ちを深読みしなくても良いのではないかということです。

敏感な人は、相手の感情を察知し、その責任まで感じてしまうことがあります。

しかし、これは果たして本当に自分に原因があることなのか、それとも相手の問題なのか。あるいは、敏感さの違いによるものなのか。

経験を積みながら、適切に判断できるようになると、少しずつ人間関係のトラブルも回避できるようになってくるのではないかと思います。

「性格の不一致」は乗り越えられます

敏感な気質を知ることが、人間関係を考えるうえで、どうして大切なのかというと、お互いを傷つけたり、否定したりせず、理解し尊重し合える関係を築くために、必要不可欠な知識だと思うからです。

誰にでも、変えられるものと変えられないものがあります。

よく離婚などでは、別れた理由を「性格の不一致」の一言で片付けられることがあります。では、どういう性格と、どういう性格が不一致だったのでしょうか。**一言で性格と言っても、生まれ持った性格と、環境によって形づくられた性格とがあります。**

主に次のような3つの層でとらえられています。

【性格の３つの層】

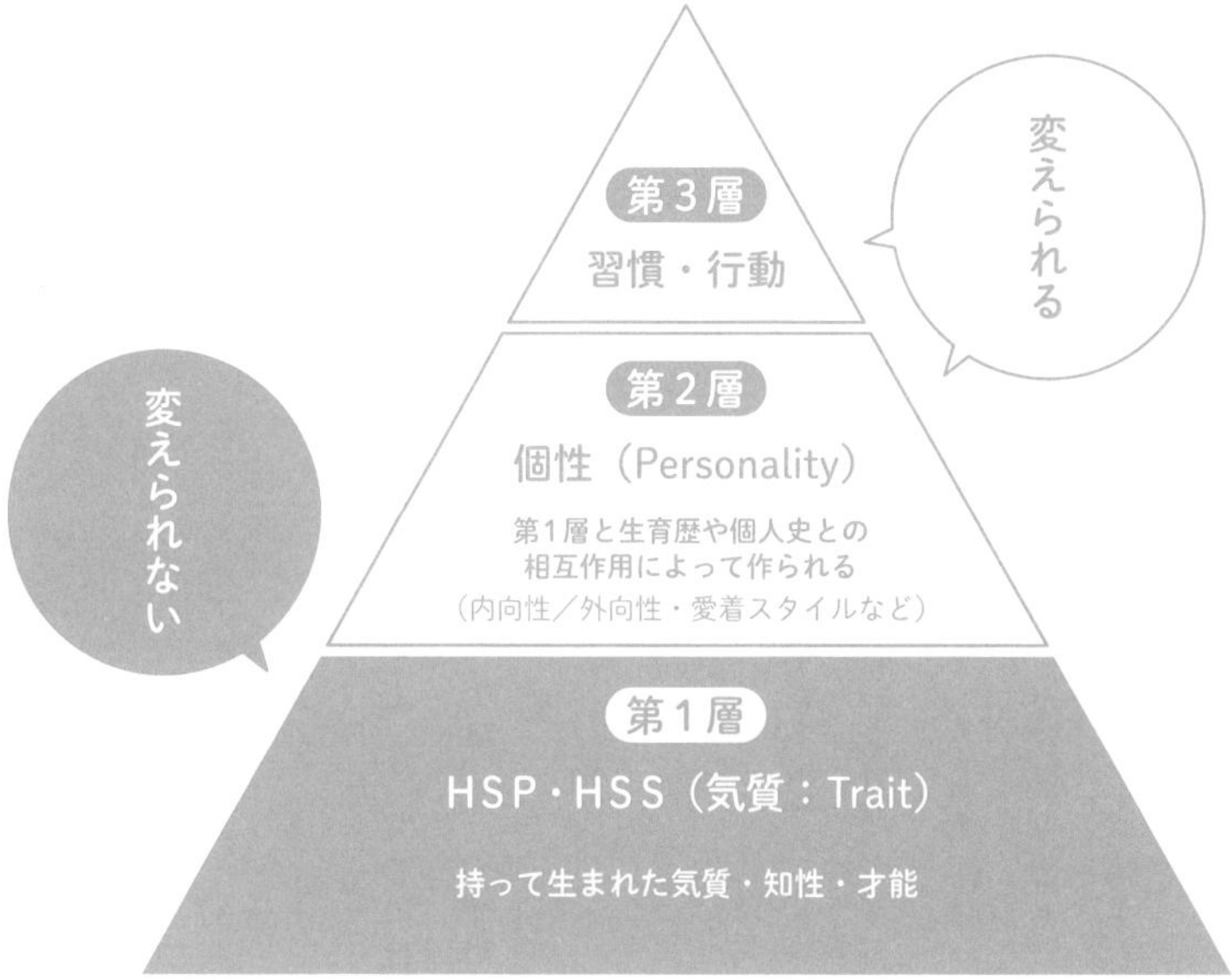

・ＨＳＰ（Highly Sensitive Person）……… 人一倍敏感な人
※ P40から詳説

・ＨＳＳ（High Sensation Seeking）……… 刺激探求型の人
※ P100から詳説

相手を理解するための見取り図「性格の3つの層」

相手を深く理解し、より良い人間関係を築いていくためには、前ページにある三角形の見取り図が、きっと役に立つと思います。では、一つずつ見ていきましょう。

第1層　気質

生まれつきの性格。気質とも言います。

赤ちゃんでも、生まれたときから性格の違いはあります。そのような生来の個性のことです。おそらく遺伝子によって規定されているのだと思います。敏感さや、刺激を求める気質（ＨＳＰやＨＳＳと名づけられているもの）は、この層に当たります。

また、先天的な生命力や遺伝的な知性、特別な才能なども、この層に入ります。

私たちの神経システムに組み込まれていて、普段、意識することはありませんし、基本的に変えることはできません。

第2層 個性

環境によって形作られる性格です。

その人らしさを担う部分で、人の行動の大部分を彩《いろど》り、持ち味となります。第1層の、生まれつきの気質と、環境や生育歴などとの相互作用によって作られます。

たとえば、内向的か外向的か、楽観的か悲観的か、臆病、神経質といったものです。

第4章から詳しく述べていく「親密な関係を恐れる8つの理由」、第6章の「3つの愛着スタイル」などがここに含まれます。

その人らしさなので、そんなにコロコロ変わるものではありませんが、環境の変化や学習、カウンセリングによって、ある程度、変えることができます。

第3層 習慣・行動

表面的な、目に見える行動や習慣のことです。

毎日飲みに行くとか、遅刻癖があるとか、ボランティアによく行く、などです。

これらの特徴は、第1層、第2層から出てきたものではありますが、表面的なものなので、環境や意志の力で、ある程度変えることができます。

お互いを認め合い、幸せな関係を築くために

HSPは、性格の3つの層でいうと、第1層の「生まれ持った気質」です。今までの精神医学や心理学、脳科学では、あまり注目されてこなかった分野とも言えるでしょう。

「生まれ持った気質」は変えられないため、変えることのできる、第2層の「個性」や、第3層の「習慣・行動」ばかりが注目されてきました。

しかし、一般的に扱われている「性格」や「習慣」は、生まれ持った「気質」なしには語れません。お互いが密接に作用し合っているからです。

その「気質」が、人間関係、特に身近な人との関係に大きく影響していることは、ある意味、盲点だったと言えるかもしれません。

その中でも、おそらく最も大きな影響力を持つのが、「敏感さ」という気質なのだと思います。そしてそこに焦点を当てて研究したことで、多大な成果を生み出したのが、アーロン氏の仕事だったということです。

ここを抜きに考えると、「性格は変えられる」か「性格は変えられない」かという、両極端な考え方になってしまいます。

「性格は変えられる」と言えばポジティブである一方、「今のあなたではダメだ」という否定のメッセージになるでしょう。

「性格は変えられない」となると、それが不一致となった場合、お互いの関係をあきらめなければならないことになります。

自分の中の変えられない部分を受け入れ、「これが私なんだから、私は私でいいんだ」「こんな自分と仲良くつきあっていこう」と思えてはじめて、他人のことも認められるし、「変えられる部分もあるのだから、少しでも変えていこう」と前向きな気持ちにもなれるのだと思います。

第2章からは、中でも人間関係に直結する自分の敏感さと、どうつきあっていけばいいのか、誤解されているところも含めて、「敏感さ」という気質を詳しく紐解《ひもと》きながら、具体的な悩みに答えていきたいと思います。（「HSPのことはよく知っている」という方は、40ページから47ページまでの概略は読み飛ばしてもらってかまいません）。

同時に、自分とは違うものを持った人、対照的な人をどう理解し、どうつきあっていったらいいかも、お伝えしていきましょう。

第2章

あなたは あなたのままでいてください

―敏感な「わたし」を知る―

5人に1人のHSPに気づきましょう

さて、改めてHSPとは何でしょうか？

あなたはHSPでしょうか？　あなたのそばにいる人は？

もしHSPであるとして、そうでない人と何か違いがあるのでしょうか？

人一倍敏感というと、どこか神経質な性格を想像されるかもしれませんが、HSPは「刺激に対する感度が高く、それによる影響も受けやすい」という特徴を持って生まれた人のことです。

性格の3つの層でもお話ししたように、育ちや環境でHSPになるのではありません。子ども時代から敏感なところを持っていて、そういう敏感な子どもを「HSC

（Highly Sensitive Child）」＝「人一倍敏感な子」と言います。

敏感さは、物音や匂い、音、味、肌触りなどの五感によるものだけではありません。他人の気持ちにも敏感で、物事を深く受け止めます。

このようなＨＳＰは、性別や国に関係なく、人口の２割程度いると言われています。

見た目ではわからない敏感な人たち

ＨＳＰは、五感から入ってくる情報を丁寧に仕分け、非常に深く細やかに処理します。ただ、その敏感さがどこに表れるか、どのくらい強く出るかは、人それぞれ違います。

そのため自分はＨＳＰなのに、そうではないと思っている場合があります。また、一緒にいる相手が本当はＨＳＰなのに、違うように見えてしまうこともあります。

ＨＳＰ同士のカップルで、相手が自分よりやや敏感さが少ない場合、「きっとこの人は非ＨＳＰだ」と思ってしまいがちですが、実は、相手もＨＳＰだったというのはよくあることです。また逆に、自分よりも敏感な反応をする相手と一緒にいると、自分がHSPなのにひどく鈍感な気がしたりもします。

「あんなにのんきに構《かま》えていられるなんて、非HSPに違いない」と思う相手や、あるいは本人（特に男性）が「僕はそれほど繊細じゃないよ」と言っていたとしても、実はHSPだったということもあるのです。

男性HSP（ハイリー・センシティブ・マン：HSM）

よく「敏感」とか「繊細」というと、女性的な資質だと思われがちですが、男性のHSPも、5人に1人の割合でいます。

ただ男性の場合は、「男らしさ」という社会的なイメージの根強さから、敏感さを表に出しにくい傾向にあるのではないかと思います。だから自分がHSPだと自覚していない男性もたくさんいます。あるいは、敏感さを隠して、強がって生きている部分があるかもしれません。

そのため見かけ上は、HSPと見えないことも多いのです。
いわゆる「キレやすい人」の中にも、意外とHSPの人がいるように思います。

30パーセントの外向的HSP

また、敏感な人というと、内気で内向的なイメージを持たれるかもしれません。

しかし、アーロン氏の調査によれば、HSPのおよそ30パーセントは外向的だということです。外向的な性格は、育った環境が安心できるものであったことから形作られたのではないかと言われています。

刺激探求(HSS)型のHSP

他にも、刺激を求める気質「HSS(100ページから詳説)」が同居している場合も、見た目ではHSPだとは気づかれにくいことがあります。次々と新しいことに挑戦している人を見て、その人が刺激に敏感なタイプだとは思えないでしょう。

これらのように、真逆の気質が同居している場合や、外向的なタイプ、あるいは、性別や文化、価値観の違いによって、たとえHSPの資質を持っていたとしても、自分では気づかなかったり、人前ではなかなか出せなかったりすることがあります。

HSPの5つの特徴（自己チェック）

HSPの敏感さは、生まれたときから神経に組み込まれているので、あらゆる場面で行動に影響しています。しかし、直接は見えないのです。

ただ、HSPの敏感さの根底には4つの面があると言われています。アーロン氏はその4つの特徴の頭文字を並べて**「DOES（ダズ）」**という言葉で表しています。

本書では、最近の研究で明らかになった5つめの特徴もお伝えしていきます。

HSPであれば、多かれ少なかれ、この5つの特徴をすべて備えているでしょう。

では、まずその5つの特徴を簡単に説明したいと思います。

❶ D＝処理の深さ

「D」は、処理の深さ（depth）です。

HSPはすべての情報を深いところで受け止めます。

出来事の意味、誰かの言葉、社会的なあらゆるメッセージを、奥深くで処理するので、内面世界が豊かで複雑です。

❷ O＝緊張や興奮のしやすさ、刺激過多

「O」は、緊張や興奮のしやすさ（overarousability）と、刺激過多（overstimulation）です。

HSPは刺激をより強く受けやすいので、そうでない人よりも早く刺激がいっぱいになる（オーバーする）のです。

神経の高ぶりが続かないように、刺激から逃れるための時間と場所を求めます。また、興奮や緊張をもたらす混乱や動揺を避けようとします。

❸ E＝感情反応の強さ、共感力

「E」は、感情反応（emotional response）、共感（empathy）の「E」です。人の気持ちが自分のことのように、わかりすぎるくらいわかります。また、感情（エモーション）の反応が強いです。

❹ S＝ささいな刺激にも鋭敏に反応すること

「S」は、ささいな刺激にも鋭敏に反応すること（sensitive to subtle stimuli）です。身の周りのちょっとした変化にすぐ気づきます。繊細な香りや味、音楽を味わう感性が強く、すぐに驚く傾向もあります。

❺ 差次感受性＝環境に左右されやすい

ＤＯＥＳに加えて、近年アーロン氏がＨＳＰの特徴として挙げているのが「差次感受性（differential susceptibility）」です。

環境や経験からの影響の受けやすさのことで、良い影響にも、悪い影響にも、同じく人一倍敏感です。

では、**これらHSPの特徴が、あなたの日常や周りの人との関係の中で、どのような形となって表れている**のでしょうか。

次からは、具体的な特徴に迫りながら、その中で出てくる悩みに答えていきたいと思います。

特に今、あなたが悩んでいる事柄から読んでもらってかまいません。

D あれこれ考えすぎる

洞察力の深さを、より良い選択に活かしましょう

まずは、物事を深く処理する「D（Depth＝処理の深さ）」の面から見ていきましょう。

HSPは、物事の核心を洞察し、潜在的な問題に目を向けたり、過去を振り返ったり、未来を想像することが得意です。他人よりもこだわりが強く、人柄は誠実、芸術家肌なところもあります。

表面には見えない背景や経緯にも思いを寄せます。そこから、一を聞いて十を知ったり、誰も教えていないのに自ら学んでしまったりすることもあるくらいです。

人間関係や仕事には、目先の利害よりも精神的な意義や奥深さを求めます。そうい

う理想を求めて、あるいは過度な刺激を避けて、転職を繰り返すＨＳＰもいます。

処理が深いために、気質に合わない場所では、自分や他人に対するネガティブな情報を深く受け止めて、義憤に駆られたり、悲観したりして不安を感じがちです。

仕事も人間関係も、自分の気質を尊重できる選択をしましょう。

HSPチェックリスト「D（処理の深さ）」

次のリストの中で、自分もそうだと感じられるものをチェックしてください。

日頃は考えたことがなかったことでも、振り返ってみれば、当てはまるところがあるかもしれません。

「D」の具体例

・小さい頃から周りの人によく「鋭いですね」と言われてきた
・複雑な思い（自分の中の矛盾した気持ち）を持ちやすい

- 人間の内面や物事の本質を考える
- 人とは違う見方ができる
- 鮮烈で意味深な夢を見る
- 第六感（直感）が働く
- 相手が言い終わらないうちにわかる
- 空想しはじめると、どんどんエスカレートする
- 気難しい人と思われないよう気を遣っている
- 「細かい」「神経質」とよく言われる。またはそう思われないよう気をつけている
- 常に、相手の言葉の「本当（裏）の意味」を考えてしまう
- 音楽を聴くと情景が浮かぶ
- ホラー映画はBGMを聴くだけで胸が締めつけられる思いになる
- 成金主義や嘘の芸術を見抜けるし、怒りを覚える
- 身に覚えのない指摘をされても真剣に悩んでしまう
- 不正直なことをしてしまうと、自己嫌悪に陥る

・ルールは「すべき」だからするというよりも、「なぜするか」を深く考える
・「話してもわかってもらえない」とあきらめてしまいがち

時間はかかっても、正しい判断ができればいい

人生の重要な選択に関しては、直感が働くまで熟慮に熟慮を重ねるタイプが多いです。

恋愛や結婚では、決断することや責任をとることがプレッシャーで、石橋を叩《たた》いてもなかなか渡ろうとしません。まだ知りもしない相手の欠点や、それを許せない自分が心配で、何年も踏み切れないこともあります。

自分に自信が持てず、相手にもっとふさわしい人がいるのではないかと考えてしまったり、行動を起こせないまま、「あのときこうしておけば良かった」と後悔が残ったりしている人もいるかもしれません。また、つきあっている間も、ふとした瞬間に不安がよぎり、疑心暗鬼になってしまう人もいます。

ＨＳＰは時間がかかっても、必ず最後には正しい判断ができるので、まず自分のセンスに自信を持ってほしいと思います。

特にＨＳＰは、プラスの面よりも、マイナス面に目が行ってしまいがちなので、マイナスの考えや感情が深くなる前に、意識して物事のプラスの面に目を向けるようにすることが大事です。

「自分が好意を寄せたら迷惑なんじゃないか」と心配になるかもしれませんが、迷惑かどうかを判断するのは相手です。好みは三者三様、千差万別で、いつ誰が、誰を好きになるかはわかりません。

ルックスも頭も良く、仕事も完璧で、いつも自分に自信を持っている人だけが愛されているのかと言えば、そうでもありません。むしろ欠点があるから愛されるとか、控えめな性格だからこそ守ってあげたいと思われるなど、対人関係においては、そういったことがいくらでもあるのです。

ですから、苦しみ悩むくらいなら、勇気を持って自分の気持ちを伝えてみてはどうでしょうか。相手もそんな人の出現を待っているかもしれません。

深く考えて悩むときは、広く考えて楽しんでみる

物事を深く考える気質は、相手の気持ちを酌《く》み取《と》り、あらゆる状況に対応する準備ができるなど、さまざまなメリットがあります。その一方で、考えすぎてしまう自分に悩んだり、他の人から「考えすぎだよ」と言われて落ち込んだりしてしまうことも少なくありません。

深く考えるのは大事なことですが、自分の世界に入り込み、事実から離れて実際には起こり得ないことまで考えている場合は、注意が必要です。そうなりかけているなと感じたら、どこかでストップをかける意識を持つようにしましょう。

暗いニュースが続いて落ち込むときは、情報を遮断して刺激を減らすことも必要です。情報量が多いほど正解に近づくように思いがちですが、インターネットなどは特に個人の憶測で書かれている内容も多いです。本当は何が正しいかを判別することは困難です。

あふれる情報という刺激から、物理的に距離を置くという意味では、インターネットでの検索をやめる、ニュースを見る回数を減らす、テレビをつけっぱなしにしない、なども有効です。

最近はデジタルデトックスと言って、一定時間、スマートフォンやパソコンなどのデジタル機器に触らないことで、ストレスを軽くする方法も勧められています。

また、一人で考え込むのではなく、話を聞いてくれそうな人、中でも自分とは全く違う受け止め方をする人と意見交換をしてみるのはどうでしょうか。今までにはなかった考え方が見つかるかしれません。

一つの考え方で深く悩むのではなく、いろいろな視点で考える練習が、ＨＳＰには特に必要です。

あえて本音をぶつけてみる勇気も必要です

物事を深く考えるＨＳＰの特性から、人間は好きなのに、コミュニケーションに苦手意識を持っている人も少なくありません。

「初対面や気を遣う相手だと、緊張してスムーズに会話ができません。『あれを言い忘れた』とか、『こんなこと言わなきゃ良かった』など、人と会ったあとの一人反省会は、いつも落ち込んでばかりです」

と悩む人もいます。

反省をちっともしない人も世の中にはいるわけですから、自分の言葉を振り返ることができるのは良いことだと思います。

しかし、**ダメ出しばかりの反省会では、苦しくなってしまうだけでしょう。** 自分が思うほど、相手は人の話を聞いていないし、覚えてもいないものです。

また、人とコミュニケーションを取るとき、相手に失礼のないようにすることが最優先になってはいないでしょうか。

自分の言動で失敗を招《まね》かないよう、常に緊張状態で接しているわけです。そんなあなたに対して、相手も踏み込んでいきにくい、と感じているかもしれません。

コミュニケーションは、気持ちを伝え合う行為です。

もちろん、ある程度の礼儀正しさは必要ですが、あまりに丁寧すぎると、かえって健全なコミュニケーションができなくなる場合もあります。

何度も顔を合わせている人なら、律儀な態度や言葉遣いを続けるよりは、少しフランクになってみるとか、建前《たてまえ》の中にも本音を混ぜてみるとか、ちょっとした緩《ゆる》みによって良い交流ができるようになることがあります。

相手ももしかすると、あなたがそのように自分の本音をぶつけてくることを待っているかもしれません。

特に敏感な人は、あえて時々は「ちょいワルになってみる」ことも必要です。

〝一人反省会〟も、たまには欠席していいのではないでしょうか。

相手が話を聞かないのは、あなたのせいじゃない

「誰かと話をしているとき、相手の反応が薄かったり、時計やスマホをチラッと見たりすると、何か悪いことを言ったかな？　私の話が退屈なのかな？　と不安になります」

こういったことはありませんか。

あなた自身は、話をしている人にはできるだけ笑顔でうなずいたり、沈黙になるのを避けようと話題を振ったりするので、なおさらです。

でもそういうことが続くと、誰かと一緒にいても、自分が楽しむというよりは、気を遣いすぎて疲れ果ててしまいます。

自分も相手も楽しい時間を過ごせるようになるには、どうすればいいでしょうか。

まずお伝えしたいのは、一緒にいる相手を思いやり、細やかな気遣いができるのは、ＨＳＰの素晴らしい特性の一つだということです。優しい人、気が利く人と言われる

ことも多いでしょう。

しかし、考えすぎるあまり、読み間違えてしまうこともあります。

自分の話がつまらないから、相手はちゃんと話を聞いてくれないのではないか。自分といるのが楽しくないから、時間を気にするのではないか。相手があからさまな態度で示していないときでも、HSPは感情を察知するので、それを自分のせいにしてしまいがちです。

しかし、実際はあなたのせいではなく、相手にも都合があってそのような立ち振る舞いをしているのかもしれません。ですから**相手の気持ちを考えるときは、HSPの傾向を自覚して差し引いたうえで、客観的に考えることが必要**です。

相手がその場を楽しむかどうかは、その人自身の責任です。一緒にいるからといって、相手の気持ちにまで責任を持つ必要はありません。

「私は今の状況を楽しめているだろうか」と、そのHSPの集中力を、今ここにいる自分の気持ちに向けてみれば、相手に振り回されることも少なくなるのではないかと思います。

O　いつも無理をしている

相手を優先してしまうのは、弱さではなく強さです

相手にとってちょうどいい刺激が、自分には苦痛だったりすることはありませんか？　刺激の感じ方の違いを理解し合えたら、人間関係はもっと楽になるかもしれません。

ここでは、HSPの特徴のうち、緊張や興奮のしやすさ「O（Overstimulation＝刺激過多になりやすい）」について、詳しくお話しします。

すべての人は、刺激が多すぎると、神経が高ぶり、不快になります。HSPは刺激を強く受けやすいので、よりそういった状況が増えます。ひとたび神経が高ぶると、

いくら前項で述べた「D（処理が深い）」が強い人でも、集中力は落ちるし、ミスもするようになります。物を覚えられなかったり、言葉が出てこなかったりします。HSPには、興奮や緊張、混乱や動揺を避け、刺激から逃れるための時間と場所が必要です。

HSPチェックリスト「O（刺激過多になりやすい）」

具体的な特徴を次にいくつか挙げますので、自分もそうだと感じられれば、チェックしてください。

「O」の具体例

・マニュアルや台本を用意しておく
・ショックを受けたり疲れたりすると、回復に他人よりも時間がかかる
・悩んで眠れなくなることが多い

・忙しい日々や緊張が続くと不調になる
・一人の時間がないと絶対ダメ
・ひきこもるのが好き
・暑い、寒い、空腹、口渇で、仕事の効率が急降下する
・騒音や、誰かの怒る声が聞こえる環境はつらい
・一つひとつは得意でも、一度にいくつもこなさねばならないとなると戸惑う
・一度にいろいろ言わないでほしい
・逆に、何度も言わずに一度で済ませてほしい
・（たとえば経営者なのに）周囲に仕事を任せられない（気になって結局ストレス）
・肩の荷は、できるだけ早く下ろしてしまいたい
・刺激からの「省エネ」を心がけているので他がおろそかになることもある（本当はしっかりやりたい）
・身の回りで小さな事件が同時に多発すると変なテンションになる
・慣れない街や生活様式は疲れる

・嬉しいことでも、たくさん同時には来ないでほしい
・駅、空港、家電量販店、スーパーを歩くのは疲れる
・ヒヤヒヤ、ドキドキした嫌な感覚は、しばらく消えない
・机を整理整頓しておきたい一番の理由は「混乱」を避けるため
・異性を避けてしまう一番の理由は「動揺」を避けるため
・誰かにじっと観られるとダメ
・断ってしまったあとで、後悔したことがある
・緊張して失敗したことがある
・新人の頃、初めての仕事や人間関係に慣れずに、他の人より苦労した

お互いにとって心地よい刺激を求めましょう

特に家族や恋人との関係で気をつけたいのは、ＨＳＰにとって心地よい刺激が、非ＨＳＰにとっては退屈だったり、非ＨＳＰにとってちょうどいい刺激が、ＨＳＰには

苦痛だったりするかもしれないことです。

ＨＳＰ同士でも、快適でいられる刺激の強さには、個人差があります。ちょうどいい刺激のレベルが、一人ひとり違うことを理解して、自分を大切にし、相手も尊重できればいいと思います。

相手と自分の違いを受け入れたり、言葉にして伝えたりするのは、それが大切な相手なら、なおさら勇気が要るかもしれません。しかし、そんなコミュニケーションの積み重ねがＨＳＰには必要なのです。

自分のペースを守ることを優先する

学校や職場では、５人に１人の少数派としての生きづらさを抱え込んでしまっている場合が少なくありません。

そういう人の多くは、「自分は何か他の人と違う」と悩んでいます。特に周りにペースを合わせなければならない場合や、同調圧力の強いところでは、それが人間関係のストレスに直結します。

たとえば、職場でこんな悩みを聞くことがあります。

「仕事で自分のペースを崩されると、一気に苦しくなってしまいます。気乗りしないことでも、人に期待されたり、頼まれたりすると、なんとか応えたいと行動するものの、本来の自分とはかけ離れていて、結局うまく進みません。

特に一方的な指示で誰かに頼み事をしたり、断ったりするときは、自分が大事にしている人間関係まで壊される感覚になってしまいます」

自分のペースというのは、仕事に限ったことではありません。

HSPは特に、他人の気持ちを察知するため、自分よりも相手を優先してしまいがちです。他人から頼まれた仕事があれば、自分の作業を中断してでも即座に対応しようとします。

もちろん、相手から信用され、期待されるのは素晴らしいことです。ただ、自分のペースで仕事ができないことによるストレスで、疲労が溜《た》まりやすいのも、またHSPなのです。

何でも引き受けてしまい、無理をしてはいないでしょうか。断ってしまうと、相手をがっかりさせてしまうと思ってはいないでしょうか。自分のペースで仕事を進めると、周りに迷惑をかけるような気がするのかもしれません。

しかしそんなことはありません。**HSPは集中力に優れているので、たとえ量をこなせなかったとしても、質の高い仕事ができる**のです。

一人で抱え込んで毎日遅くまで残業をし、急に体調を崩して穴を開けてしまうよりも、仕事のスケジュールを相談して余裕を持って進めていくほうが、お互いにとって良いでしょう。

よほど緊急のことでなければ、相手もあなたからのお願いや相談を聞いてくれるはずです。

「いい人」で居続けようと無理はしないで

なぜ、自分のペースをしっかり言葉にして伝えたほうがいいのでしょうか？

刺激がオーバーして神経の高ぶりが慢性化すると、よく眠れない、朝起きたときから疲れている、集中力・記憶力が低下する、意欲が落ちる、風邪をひきやすくなる、いつもだるい、不安が強い……、というようなことが生じます。

刺激を受けると、ストレスホルモンと言われるコルチゾールが増えます。人前で話をするなど緊張する場面だと、コルチゾールの値は一気に上昇します。それが瞬間的ならいいのですが、その状態が続くと分泌のバランスが崩れ、心身のさまざまな働きに影響を及ぼすのです。うつになることもあります。

これらの不調は、「ちょっとストレスから離れて休みましょう」という心身からのSOSです。

HSPは、せっかくそれをいち早く感じるのに、仕事でも家庭でも正義感や義務感にとらわれて、相手の悲しい顔を見たくないとか、自分の限界を受け入れたくないからと、心身のSOSを無視して無理を続けがちです。

イライラや不安、ストレスは、本当はため込みたくないのですが、一方でHSPには、それを吐き出すことさえ、相手のことを考えると刺激になってつらい、ということがあります。

いつでもどんな相手でも喜ばせる「いい人」で居続けようとすると、自分の一番身近で大切な人との関係が犠牲になることもあります。

心の疲れは、ゆっくり取れていくものです

刺激を人一倍強く受けがちなHSPは、仕事以外の時間も、終わっていない仕事や、するべきことを考え、疲れてしまいがちです。

「睡眠時間は足りているはずなのに、ずっと疲れが取れていない感じがする」と言う人もいます。

一言で疲れと言っても、「身体の疲れ」と「心の疲れ」の2種類があります。**身体の疲れなら比較的すぐに回復しますが、心の疲れの回復には時間がかかります。**心が疲れすぎているときは、寝ようと思っても眠れなくなり、たとえ眠れたとしても浅い睡眠になって、疲れを回復することが難しくなります。

悩みや仕事に関連する夢を見る人も多いのではないでしょうか。身体は休んでいても、脳や心は休めていないのです。また、眠りにつく前に考えていたことが、夢にも影響を及ぼすこともあります。眠る直前まで悩んでしまうのも、心の回復を妨げることになります。

これは実際にある話なのですが、大きな災害があると、時期によって必要な医者が変わってきます。最初の2、3日は救急医、次に骨折などを治す整形外科医、1週間から1カ月頃になると、血圧の上昇や持病の悪化を防ぐための内科医が必要となります。そして、最後に必要とされるのが精神科医です。

精神科医は災害が一段落してから、ようやく本格的に必要となり、半年から1年、深刻な場合は、何年間も回復に時間を要する患者さんもいます。心の疲れは積もり積もって、遅れて症状が表れるのです。

HSPが疲れやすいのは、身体ではなく心です。十分に寝ていると思っていても、心の回復のためには、まだ睡眠時間が足りていないこともあるかもしれません。

「昼間に起きていられないくらい眠くなる」

「いつもより長時間寝たのに、まだ眠い」

などといった状態は、睡眠時無呼吸症候群や過眠症でない限りは、心の回復のプロセスが進んでいる証拠です。眠くなってしまうのはむしろ良いことで、しっかり休まなければならないサインだと受け取ってください。

静かな部屋でじっとしていると、よけいに考え込んでしまうこともあるかと思います。心の回復には、軽い運動やゲームなども効果的です。疲れているのは身体ではないので、空気のいい屋外や、人混みの少ない所を散歩するのも良いでしょう。

眠れるなら寝てしまうのもいいですが、考えごとをしてしまうくらいなら、外に出て脳を休めましょう。

夜の就寝時間になっても、どうしても眠ることが難しい場合は、医師に相談して睡眠導入剤や睡眠改善薬を処方してもらってでも、眠れたほうが心の回復にとっては良い、ということもあります。

HSPは一般的に疲れやすく、非HSPよりも休養が必要です。ちゃんと疲れが取れるまで休みましょう。しっかり回復できたなら、自然とやるべきことに集中でき、仕事や勉強の質も上がります。

人前で堂々とできる、本来の力を信じて

日頃から、受ける刺激が人一倍多いHSPですが、何かイベントや発表の場があると、それに拍車がかかります。

「大勢の人の前で話すとき、自分がどう見られているのかを意識しすぎて、とても緊張してしまいます。声の出し方や表情が不自然になったり、普段できていることができなくなったりすることもあります」

と相談に来られる方もいます。

HSPだからといって、必ずしも緊張しやすいとは限りません。

しかし、あらゆる刺激を受け取ってしまうため、「みんなが注目している」「失敗したらどうしよう」「笑われたらどうしよう」と、周りの反応の隅々にまで気を遣いすぎて、非HSPよりもよけいに緊張してしまうのではないかと思います。

話しているのが自分一人だと、一挙手一投足にまで、固唾を飲んで注目されているような気になるかもしれません。しかし、逆の立場で考えてみたらどうでしょう。話している人の表情や、発音の仕方、小さなミスの一つひとつまで細かくチェックするようなことはないと思います。

また、他の人が話しているところを見ると、とても堂々としているように感じますが、本当は自分と同じくらい緊張しているのかもしれません。

よくある「周りの人をかぼちゃだと思え」というアドバイスは、実際は心配するほど注目もされていなければ、細かいところまで気にされていない、ということです。

少なくとも、あなたが思うような「ミスなく完璧に」という目で見て指摘してくるような人は、審査や競技などの特別な場でない限り、まずないと言っていいでしょう。

とは言っても、誰かにじっと見られたり、競争させられたりするような強い刺激には、圧倒されやすいのも事実です。

対策の一つとしては、予行練習をしておくことです。やはり、**HSPは慣れていないことに緊張します。**特にすべてが初めての状況だと緊張してしまうので、場数を踏むのは一つの手段です。

たとえば、発表する内容を家族の前で披露してみたり、発表する教室や会議室と同じ場所に立ってみたり、本番に合わせたシミュレーションをしておくのは良い方法だと思います。

E　負の感情に弱い

人間関係は、共感力とのつきあい方で決まります

相手の気持ちに敏感で、少し怒られただけでもひどく落ち込んでしまう。心が弱いから？　と思いがちですが、それこそがHSPの大きな特徴の一つ「感情反応の強さ・共感力」かもしれません。

ここでは、トラウマ反応との違いや、相手の感情に巻き込まれないための対処法をお伝えしましょう。

DOESの3つめの「E」は、感情反応（emotional response）と共感（empathy）のことです。

感情反応が強く、共感力の高いＨＳＰは、他人の感情はもちろん、自分の感情にも敏感です。

嬉しい、恥ずかしい、申し訳ない、軽蔑している、同情している、感謝している、見捨てられるのではないかと不安でいる……。そういう気持ちに自分で気づいたり、強いと顔に表れて他人に伝わったりもします。

しかし、それが生まれつきＨＳＰだからなのか、過去のつらい出来事が原因になっている（一種のトラウマ反応から）かは、判別が難しいです。

ただＨＳＰの場合は、感情反応の起きるのが「あらゆる」場面であるところが特徴です。人は一日の中で数えきれないほど心が動きますが、ＨＳＰならいつも心が揺さぶられ、それを意識させられてきたでしょう。

逆に、トラウマ反応であるなら、多くの場合、特定の状況や相手に対して敏感になりますが、生活場面すべてにおいて敏感ということはありません。

また、トラウマ反応の場合、その敏感さはほとんどすべて不快な感情（不安、恐怖、嫌悪）として表れますが、ＨＳＰの場合は、もちろん不快な感情もありますが、それだけではなく、感動や喜び、感謝などのポジティブな感情も強く表れるところが異なります。

HSPチェックリスト「E（共感力、感情反応の強さ）」

次の具体例の中で、自分もそうだと感じられればチェックしてください。

「E」の具体例

・初対面の相手であっても、いろいろなことを感じ取る
・相手が味方であり理解者とわかれば心を開く
・とにかく涙もろい（あるいは小さい頃、泣いちゃダメと注意されて守るようにしてきた）
・他人の感情に気分が左右されがち
・誘蛾灯で虫が殺される音を聞くと、自分が焼かれるのを想像する

・相手が自分の失敗を望んでいるのを察すると、それをかなえてしまうところがある
・誰かが叱責されていると、自分のことを言われているようでつらい
・ケンカの場面に居合わせると、当事者よりも気持ちが高ぶる
・不機嫌な人といると、自分のせいではないかと思ってしまう
・他人（たとえば上司）のご機嫌うかがいに徹してしまう
・他人の痛みは（ほぼ文字どおり）自分の痛みとなる
・かわいそうな思いをしている人がいると、必要以上に心配してしまう
（そのため、かえって相手や自分を責めてしまうことも……）
・流血、処刑、拷問シーンのあるグロテスクな映画が苦手だ
・相手の喜ぶ顔が見たい
・アートに感情を表現する（表現されたアートに惹《ひ》かれる）
・隠された不正やいじめ問題が許せず、非常にもやもやする

感情豊かな人は、男女問わず魅力的です

自分の感情に敏感であることは、自分らしさを大切にできる才能があるということです。

しかし、HSP（特に男性）の中には、小さい頃、誰かの前で泣いて先生や親に怒られたために、泣くことや、感情を自由に表現することをやめてしまった人もいます。

感情をありのままに出すのは恥ずかしいこと、弱いことと思って、心にフタをしていると、やがて感情があることそのものを悪いことと思うようになり、自分の心がわからなくなってしまいます。

ですが、豊かな感情を持つ人は、表現の幅も広く、男女関係なく魅力的に映ります。

人に言えないような怒りの気持ちも、溜《た》めずに出してしまえば、実はたいしたことはないと安心できるものです。

涙もろい人は、情に厚いことが伝わり、むしろ人から愛されます。

多くの人は、強い想いがあると衝動的に行動しがちですが、HSPは、たとえば結婚や転職を心に決めていても、行動は慎重です。

ですから、**感情がコントロールできないのではないかと心配したり、恐れたりする必要はない**のです。

他人を守る才能を、自分にも使うために

他人の感情に敏感であることは、HSPの優しさであり、処世術でもあります。

HSP（特に女性）は、仕事を頑張るパートナーや、経営者のサポートをしたり、心に傷を負う誰かに寄り添ったりすることに抜群の才能があります。空気を読み、適切なタイミングで意見を出し、行動を起こすことができます。

ただ、「相手からの影響を受けすぎて際限なく尽くしてしまう」「相手のケアに心を奪われて自分のケアを怠《おこた》ってしまう」ということもあります。

誰かに指示されたわけでなく、自分が気づいて行動したのに、あとになって搾取《さくしゅ》さ

れたと怒ることもあります。

自分は自分、相手は相手です。

自立した自分というものをしっかり持って、誰の要求に、どこまで応じるかを、自分で決めることが必要です。

他人を守る才能を、自分を守るために、もっと使っていいのです。

嫌いになったのは、疲れただけかもしれません

恋愛や結婚では、ＨＳＰはパートナーとの関係に疲れてしまいやすいところがあります。

相性や気質の違いにもよるので、一概には言い切れませんが、相手が非ＨＳＰであったり、自分よりも敏感さが少ないＨＳＰであったりする場合は特に、自分ばかりが気を遣って過ごしているように感じてしまいがちです。

それがあまり顔を合わせないような相手なら、日常生活に支障が出ることはないと

思いますが、相手の連絡をいつも気にして、優先しなくてはならないと気を張り続けていると、好意よりも疲労感が上回ってしまいます。そうすると、相手の愛情も実感できなくなって、次第に恋愛感情が冷めてしまうこともあるかもしれません。

ですから、そうなってしまう前に、パートナーとの関係について、一度考えてみる必要があります。

相手に尽くすことは、確かに愛情表現の一つです。しかし相手がやるべきこと、本来あなたがやらなくてもいいことまで、何でも引き受けてしまってはいないでしょうか。

パートナーはあなたの子どもではありません。大人同士の対等な関係です。

あなたが懸命に尽くせば尽くすほど、相手は気を遣ってもらうことに慣れてしまい、世話をする人とされる人の関係性ができあがってしまいます。

ＨＳＰの細やかさに甘えてばかりの相手にも問題はありますが、疲れてしまう関係性になるのは、ＨＳＰにも要因がある場合があります。

　ですから、**「相手がやるべきことは相手にしてもらう」「二人に関係することは、あなただけが引き受けるのではなく、一緒にするか、分担して依頼する」**などしたほうがいいでしょう。

　HSPは、たとえ信頼する相手であっても、何かを頼むことが苦手です。負担になるのではないか、迷惑をかけるのではないか、そして嫌な顔をされるくらいなら、最初から自分でやってしまおうと考えます。でも、それでは相手はあなたの思いに気づけず、関係性も成長しません。

　何でも尽くして当然ではなく、相手がやってくれたことに「ありがとう」を伝えていくと、より良い関係が築けると思います。

　少し無理してでも、お互いにフィフティー・フィフティーの関係性を意識していかなければなりません。

　フェアでない関係は、長くは続かないのです。

共感してくれることで、人は救われる

共感力はＨＳＰの大きな特徴ですが、「相手の悩みを聞くと、気持ちに寄り添いすぎて、一緒になって落ち込んでしまう」というのもよくある悩みです。

相談者からすると、具体的な答えを言ってくれなくても、共感して一緒に泣いてくれるだけで救われることもあります。その意味では、一緒になって沈んでしまうほどのＨＳＰの共感力は、長所でもあるでしょう。

ただ、それだけでは継続的に相手を支えることはできません。もし手助けしたいと考えているなら、まずは自分の気持ちを安定させ、相手の気持ちに入り込みすぎず、適度な距離を保つことが必要です。

こういったスキルは、精神科医やカウンセラーといった専門職は、トレーニングによって身につけていきます。

他人にすぐ共感できるあなたが、誰かの相談にのるようなときは、自分自身の相談相手を持つことが大切です。これをスーパーバイザーと言います。

たとえば、無料電話で子どもの悩み相談を受け付けている、ある団体では、「受け手」と「支え手」の二人がセットになって対応しています。子どもの話を直接聞く「受け手」は、子どもから直接「死にたい」と言われたり、怒りを向けられたりするため、精神的な消耗が激しいのです。そこで電話を切ったあと、「支え手」が「受け手」の気持ちを全部聞いて、暗い気持ちを引きずらないようにするシステムを作っています。

このような仕組みは、すべてにおいて必要です。

特に相手の気持ちに引きずられやすいＨＳＰは、自分を客観的に見て、フラットな状態に引っ張り上げてくれる人を持つようにしましょう。

信頼できる人に話を聞いてもらうことで、適切な手助けができるようになります。

自分一人で抱え込まないようにすることが、何より大切です。

S 何かと気になってしまう

自分を認めたなら、相手も認めることができます

ＨＳＰは変化や異変、違和感に鋭く反応します。相手の表情を読みすぎて、もやもやしたり、誰かの癖（貧乏ゆすりや、音を鳴らす癖など）が気になって、イライラしたりすることもあります。不正なことが許せないなど、日々刺激が押し寄せ、煩《わずら》わされがちです。

その上、そういう自分の反応にさえ敏感に反応し、「私は人を愛せない」「僕は器が小さい」と思い込みがちです。イライラしている自分を責め、相手がそのことにちっとも気づかないことで、さらにイライラが募ることもあります。

この項では、DOESの4つめの「S（Sensitive to subtle stimuli＝ささいな刺激に敏感）」という特性について、詳しくお伝えしたいと思います。

鋭いのは感覚（五感）ではありません。受け止めです。HSPは、わずかな情報や微妙なニュアンスを敏感にキャッチし、HSPらしい深い反応を示しているのです。

HSPチェックリスト「S（ささいな刺激を察知する）」

具体的な特徴を次にいくつか挙げますので、自分もそうだと感じられればチェックしてください。

「S」の具体例

・派手な服は着ない
・騒がしい場所からは離れたい
・薬はすぐに効くが、一方で副作用を感じやすい（副反応が現れやすい）

・ときにBGMが不快だ
・子どもの頃、感覚的に嫌だった経験が数えきれないほどある（変な味の食べ物、髪をとかされる、きつい服や靴、濡《ぬ》れた水着、ハンドクリームを塗られる……）
・不調を抱えやすい（アレルギー、身体の凝りや痛み、腹痛、頭痛、慢性疲労、慢性疼痛《とうつう》、月経前症候群など）
・痛がりだ
・3ミリ短くなった前髪にも気がつく
・人の多い会議室では人間（ストレス）臭を感じる
・殺虫剤のパッケージなどにある虫のイラストが嫌だ
・四つ葉のクローバー探しや、間違い探しが得意だ
・掃除がされていないと空気でわかる
・天気や気圧の変化が肌でわかる
・地震の揺れに、誰よりも先に気づく
・フラッシュ、静電気、化学繊維、化学調味料、食品添加物が苦手で自然派志向

・驚かされると、逆に相手が驚くほどの反応をする（お化け屋敷は悪趣味だ）
・車のクラクション、自転車の鈴の音、来客のチャイムにもびっくりする
・飛んでくるボールにとっさの防御反応ができる（運動ができるわけではない）
・瞬時に強く目を閉じる
・匂いを嗅ぎ分けたり、隠し味を当てたりするのが得意
（薄味が好きとは限らない）
・色彩の微妙な変化を楽しむ（パステルカラーが好きとは限らない）

「HSPの私で良かった！」と思えたら最強です

刺激に煩《わずら》わされない生活を望むのは、人間として当たり前のことです。ただそのレベルが人とは少し違うだけで、自分を責める必要はありません。一方的に我慢し続けることもないし、逆に相手を完全に拒絶する必要もないのです。

目の前にいる相手に「それはちょっと私にはキツいかも。これからはこうしてみな

い？」と提案すればいいことです。

もちろん、自分の気質を相手に理解してもらうのは勇気のいることです。伝わらない悲しさ、もどかしさもあると思います。

そこでまず大切なのは、「自分自身がＨＳＰであることに気づけて良かった」と受け止めることです。**自分にとっての一番の味方は、自分だからです。**

ＨＳＰをよく知ると、「自分だけがおかしいわけじゃないんだ」「生まれ持った特性で、良いところもたくさんある」と理解できるようになります。

ですから、**まずは自分を知り、自分を大切に思えるようになることが何よりも大事です。**

忍耐強く伝え合えば、夫婦ゲンカも避けられる

次のステップは、相手に自分の気質を理解してもらうことです。このとき、同じＨＳＰ同士と違って、非ＨＳＰの場合はその難しさがあります。

たとえばHSPの妻は、洗面所の周りが水浸《みずびた》しだったり、服が脱ぎっぱなしになっていたりすると、それだけで気になります。片付けをお願いするものの、夫は何回言っても協力してくれない。このようなとき、HSPからすると「自分への当てつけなんじゃないか」「わざとやっているんじゃないか」などと感じるかもしれません。しかし、相手に悪気はないのです。ただ気にならないだけです。

相手が理解しようとしてくれないのは、何度も注意してしまうことで、相手に劣等感を感じさせてしまっているからかもしれません。

HSPは、普通、自分には厳しく他人には気を遣うのですが、気を許している分、家族には厳しくなってしまっているかもしれません。だから伝え方には工夫が必要です。

一度に全部理解してもらうのではなく、わかってもらえそうなことから少しずつ伝えていく。あるいは、お願いしたことを聞いてくれたときには、ちゃんと「ありがとう」を伝えるなどです。**一方的に理解を押しつけるのではなく、かといって諦《あきら》めるわけでもなく、一つずつ積み上げるようにして、自分のことをわかってもらえるよう、**

取り組んでいきましょう。

苦労もありますが、忍耐強く伝えて相手に理解してもらうことができたなら、きっとお互いの幸せにつながると思います。

子どもの頃を振り返ってケアしましょう

HSPが相手を許せないとき、その根っこにあるのは何でしょう。

もしかすると、理由は相手にあるのではなく、無意識に封印してきた自分の中にあるのかもしれません。

幼少期の自分を振り返ってみましょう。

男の子なら、敏感さのせいで取った行動を友達にからかわれたり、親に冷たくされたりしたことはないでしょうか？

女の子なら、さまざまな刺激から自分を守ろうと安心できるところを探す一方で、いつまでもそうしている自分に自信を持てず、苦労したことはないでしょうか？

それは決して、あなたが悪かったのではなく、周囲がHSCを理解していなかっただけかもしれません。

ただそういう経験があると、子どもは自分の敏感さを隠し、自分の正直な感覚を否定して、やがて封印してしまいます。

もしあなたが今も、ありのままの敏感な自分を愛せないでいるなら、相手を愛する前に、あなた自身のケアが必要です。

アーロン氏は、神経システムが異なるHSPと非HSPが存在するのは、生き物の生存戦略として必要だったからだと述べています。あなたの敏感さは、人類のために必要な資質だったのです。

気質は、学べば学ぶほど、ストレスは軽くなり、自分にも他人にも寛容になれます。それだけではありません。つらかった日々の一瞬一瞬が、逆に自分を深く知る、喜びの時間に変わっていきます。

敏感さに感謝さえできるようになるのです。

本当に親しくなる人は、ほんの数人でいい

人間関係の中では、どうしても態度が苦手な人、性格が合わない人が、必ず周りにいると思います。ＨＳＰには特に多いかもしれません。では、そういう人とも頑張って距離を縮めていく必要があるのでしょうか。

ＨＳＰは、香りや肌ざわりにこだわりを持っている人が多いですが、人間関係においても、ストライクゾーンは狭いです。非ＨＳＰと比べると、相性の合う人が限られてくるのです。

苦手な人も含めて、人から嫌われないように努力していると、最後は自分が疲れてしまいます。もちろん誰とでも仲良くするのはいいことですが、**HSPは、一人ひとりに本気で向き合おうとするので、消耗も激しい**のです。

だからＨＳＰの場合、本当に親しくなるのは、ほんの数人で良く、あとは適度な距離を保ってつきあっていけば良いと言われます。

ただ、最初は苦手な印象があっても、相手をよく知り、受け取り方が変わっていくことによって、苦手が苦手でなくなることもあります。敏感さは変わらなくても、最初の印象が変わっていくこともあることは、ぜひ心に留めておきましょう。

責めてくる相手からは、つとめて距離を置く

一方で、どう頑張っても理解してもらえない、それどころか、その敏感さを責めて故意に傷つけようとしてくる人もあります。こうなると明らかに相手に非がありますが、ＨＳＰはそれでも自分を責め、モラルハラスメントなどの心理的暴力による傷を広げてしまうことがあります。このような関係は、心の病を引き起こしかねません。

自分の人格を全く尊重してくれず、わざと傷つくような言い方で攻撃を繰り返してくるような人とは離れるべきです。それがたとえ親であっても、できれば違う家で暮らし、顔を合わせる回数を減らすようにするなど、とにかく距離を置きましょう。

それは相手の問題であって、あなたが関わる必要はないのです。

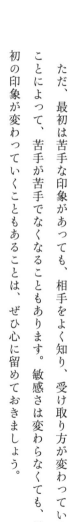

差次感受性　振り回されやすい

環境を味方につければ無敵です

これまでＨＳＰの特徴（ＤＯＥＳ）を通して、悩みに答えてきました。

この項では、その４つに加え、近年注目されはじめた、ＨＳＰのもう一つの大切な特徴についてお話ししたいと思います。

アーロン氏は、ＨＳＰかどうかを判別する指標として、ＤＯＥＳにもう一つ、差次感受性（differential susceptibility）を加えるようになりました。

差次感受性とは、一言で言うと、環境や経験からの影響の受けやすさのことです。

たとえば精神医学の世界では、今まで、精神疾患の発症について、「ストレス脆弱性《ぜいじゃくせい》モデル」が用いられてきました。

もともとの素因として、ストレスに対する脆弱性《ぜいじゃくせい》があり、そこに環境ストレスが加わって発症する、というものです。言い換えれば、もともと環境や経験に対する高い感受性を持つ個体がいるということです。

しかし、心理学者のジェイ・ベルスキーと、マイケル・プルースらは、素因としてマイナス面ばかりに注目するのは間違いであり、マイナス面だけでなく、プラス面にも高い感受性を持つ個体が存在することを主張して、それを「差次感受性」と名づけました。

要するに、**良い環境、悪い環境、両方に敏感で、良い環境だと、良い影響を人一倍受けるし、悪い環境だと、悪い影響をまた、人一倍受ける**ということです。

幼少期、過酷な環境で育った場合は、問題の影響を受けやすいですし、逆に恵まれた豊かな環境で育った場合は、その恩恵を、非ＨＳＰよりも大きく受け取ります。

またＨＳＰは、環境と過去から受ける影響が大きいので、さまざまな場面で、影響を受けすぎるのを恐れたり、自分を信じられなくなったり、悲しい出来事を引きずったりします。一方、友達の結婚式で誰よりも感動の涙を流したり、進展中の恋愛にかなり舞い上がったりもします。

私は、「影響の受けやすさ」は、HSPらしさそのものだと思います。

過去に学ぶ力は未来を変えていく

人は生まれたときから、生きてゆくために、環境に、自分を適応させてきました。世話をしてくれる親、物事を教えてくれる学校、社会生活を送る場所などがそうです。あらゆる人生のステージで、私たちは周囲からの影響を受け続けますが、HSPは特に、人生観、人間観、幸福観について、周りの影響を強く受けます。あなたがHSPなら、いつも他人の視線や言葉に敏感で、変化を素早く察し、対応してきたのではないでしょうか。

HSPは特に過去の経験を振り返り、慎重に行動します。過去から受ける影響が大きいのです。生まれつきだけでない、トラウマ的な出来事も重なって強い影響を受けることがあります。過去の傷を抱えやすい、と言ってもいいでしょう。もちろん、ネガティブな経験だけではありません。ポジティブな経験からも影響を受けます。

HSPチェックリスト「差次感受性（環境・経験からの影響）」

具体的には、次のようなことはないでしょうか。チェックしてみてください。

「差次感受性」の具体例

- 職場に不機嫌オーラを放つ人がいると、途方もなく振り回される
- ほめられたとき、ほぼ必ず裏の意味が頭をよぎる
- しかし、ほめられると非常に嬉しく励みになる
- 他人には心の安定した人、温かい人、サバサバした人と思われたい
- 仕事では、かつての失態や誰かの注意の言葉がよみがえり、類似の失敗を徹底的に避ける

・報告、連絡、相談（報連相）は、慎重で器用だ（相手と状況に合わせて表現を変えている）

・転職の回数が多い

・小さい頃の両親の口癖が、今の自分の価値観になっているところがある

・パートナーの「あの人は○○だ」の言葉に流されやすい

・尊敬する人から教えられる「粋な遊び方」「通な食べ方」を信じて、実践する

・所属していないコミュニティの行事でも、暗黙のルールや人間関係を読んで溶け込める

・恋人には、尊敬できる、自分を高めてくれる（導いてくれるほどの）相手がいい

・今が幸せだと、同時に不安を感じる（見捨てられること、裏切りが怖い）

・恋人から自分が影響を受けすぎるのが怖い

・自分すら騙《だま》せるほどに〝合わせる〟のがうまく、「スパイ」的な役に適任だと思うことがある

・しかし、正しいと感じれば「寝返る」（味方を裏切り敵方につく）気もする

生きづらいのは、あなたが弱いからじゃない

ＨＳＰのあなたは、生物学的に柔軟性と適応力が高く、複雑で理不尽な世の中を生き抜くための敏感力があります。つらい経験やどんなに小さな気づきをも、危険を回避し安心して生きるための術《すべ》に変え、応用も効くのです。

「朱に交われば赤くなる」「孟母三遷《もうぼさんせん》の教え」などと言われるように、どんな人にとっても環境を選び、気質に合う生き方をすることは大切です。ＨＳＰには特に、自分の敏感さを大切にできる環境を選んでほしいと思います。そのためには、過去を振り返る必要もあるかもしれません。

そして今、何か心身に不調を抱えているとしたら、それは自分の弱さや忍耐力のなさのためではなく、高い感受性を持ったあなたが、差次感受性によって環境や過去の経験から強いダメージを受けているからではないでしょうか。だとすれば、**なすべきことは、これ以上、我慢し続けることではなく、環境を変えること**なのだと思います。

HSS 熱しやすく冷めやすい

繊細とは真逆に見えるＨＳＰもいます

ＨＳＰは、敏感さの点では共通していても、個性は一人ひとり違います。中には新しい刺激を求める、好奇心豊かなＨＳＰもいます。これをＨＳＳ（High Sensation Seeking：刺激探求型）と呼びます。このＨＳＳとＨＳＰは、どういう関係があるのでしょう。

アーロン氏は、脳には衝動をコントロールする二つのシステムがあると言います。一つは、行動抑制システム（Behavioral Inhibition System）です。

それによって、行動する前に一時立ち止まり確認します。すべてのＨＳＰは、このシステムが強いと考えられます。

もう一つは、行動活性システム（Behavioral Activation System）です。これがあることで私たちは報酬（刺激）を求め、好奇心が強く活発で、退屈しやすくなります。

行動活性システムの強い人たちを、心理学者のマービン・ズッカーマンは、「刺激探求型（ＨＳＳ）」と呼びました。

これもＨＳＰと同じく、生まれつきの性格です。

すべての人が、この行動抑制システムと行動活性システムを持っていて、どちらが強くてどちらが弱いか、両方強いか両方弱いかは人それぞれです。それがまたＨＳＰのさまざまな個性を生み出しています。

✓ HSSチェックリスト（刺激探求型）

次の特徴に当てはまる数が多いほど、刺激探求型（HSS）と言えるでしょう。

「HSS」の特徴

・新しいものが好き
・変わったものに惹《ひ》かれる
・事態が紛糾すると生き生きする
・出会いを楽しみたい
・生活にはバリエーションが要る
・引っ越しを楽しめる
・同じ話はつまらない
・珍しいところを旅したい

・運動や遊びではスリルも味わいたい
・家にいるより外に出掛けたい
・退屈は苦痛だ

HSS型のHSPチェックリスト（刺激探求＋敏感）

刺激探求の気質は、非HSPもHSPも、多くは中間層の快適ゾーンにいます。あなたがもしもHSS傾向の強いHSPならば、次のようなことはありませんか？

「HSS型HSP」の特徴

・ちょっとしたこと（飲み会の誘いに応じるかなど）を決めるのにも内面がせめぎ合う
・流行を追いかけようとは少しも思っていないが、気がつくと最先端にいる
・不謹慎とわかっていても、どうしても笑ったり言ったりしてしまう（一応慎重に

場面を選んでいるが）

・真実を挑発的な言葉で発してしまい、周囲をひやひやさせる（自分も葛藤している）

・事態が紛糾すると生き生きするくせに、誰よりも疲れる（でも刺激を手放したくない）

・常にアクセルとブレーキを同時に踏み続ける感覚だ

・多面的な物事の見方ができて楽しめるが、アウトプットに至る前に圧倒される

・さまざまな理由で特定の異性との関係は長く続かない

・なかなか他人に理解されない（似た人との出会いは奇跡）

・集中力を発揮するときと、発揮していないときの差が極端だ（発揮していないときもストレスを感じ続けている）

・少々トラブルメーカーかもしれないが、必要な問題提起をしている自負もある

・あれこれ煩悶《はんもん》が絶えない

人は、刺激が多すぎても少なすぎても苦痛になります。刺激が多すぎると疲れますし、少なすぎると退屈します。

しかし両方のシステムが活発なHSPは、刺激の最適なレベルを維持するのがとても難しいのです。

最適な刺激のストライクゾーンがとても狭いからです。退屈する一方で、刺激過多にも陥りやすくなります。

刺激探求タイプのHSPは、静かな引きこもり生活を愛して少しも退屈しないHSPを見ると、果たして自分がHSPなのかと疑います。

しかし、そういうHSPもいるのです。

心の声に耳を傾けてみましょう

ここまでの内容から、同じHSPといっても、さまざまな個性があることが、おわかりになられたのではないかと思います。

ただ、どんなに好奇心が旺盛でも、ＨＳＰである限り、慎重に立ち止まって確認したい気持ちを消すことはできません。

いくら社交的で他人の期待に応えるのが得意でも、一人の時間が欠かせないのなら、やはりＨＳＰです。

ＨＳＰは刺激を受けすぎた影響を、強く長く受け止めます。刺激を過小評価し続けると、心身の不調として表れます。**それらの不調は、「私は、本心ではやりたくないと思っている」「これ以上、周りの求めに応じることはできない」という、あなたの中の「敏感さ」が伝えてくれる確かなメッセージです。**

これを無視し続けると、病気になったり、身近な人間関係に犠牲が及んだりしてしまうこともあります。

特に、ＨＳＰでありながら刺激を求める人は、アクセルとブレーキを同時に踏んでいるようなもので、混乱しやすく、疲れたり、イライラしたりしがちです。

あなたの中のＨＳＰが違和感を察知しているのなら、少し立ち止まって、本当に大切なもの、必要なものは何かを考え直してみてはどうでしょう。

もしかしたら、外で多くの人と忙しくしているよりも、パートナーと話をする時間や、一人になる時間が、今は何よりも必要なのかもしれません。

どんな欠点にも、プラスの意味を見つけられる
――リフレーミング法

ここまで、HSPの5つの特徴と、HSS（刺激探求型）を併せ持つタイプについて、詳しくお話ししてきました。

これらは生まれ持った気質であり、最初に解説した「性格の3層」では、第1層の変えられない性格に当たります。

変えられない以上、一番大切なのは「見方を変える」ということです。

これはレッスン次第で、誰にでも身につけることができます。

いくつか方法がありますが、特にHSPに知っておいてもらいたいのが「リフレーミング」です。マイナスな見方を、プラスの見方に変換する方法です。マイナス面に

も気づきやすいHSPが、特に「自己否定感」を持ってしまわないために大切なことです。

自己否定感をなくすためのレッスン

物事には、いろいろな見方があります。

同じものでも、プラスの見方と、マイナスの見方では、全く違う受け取り方になります。

たとえば、コップにジュースが半分入っているとします。

「もう半分しか残っていない」という見方もあります。

「まだ半分ある」という見方もあります。

さて、どちらのほうが、残りのジュースをおいしく飲めるでしょうか。

多くの人は、「まだ半分ある」というほうではないかと思います。同じ物事でも、見方によって、おいしさまで変わってくるのです。

人間関係も同じで、同じ物事でも、プラスの見方をするか、マイナスの見方をするかで、ずいぶん受け取り方が変わってきます。

そしてそれは自分に対しても同じです。**自分に自信が持てないときは、何でもマイナスにとらえている可能性があります。**ですから、そのマイナスの見方をプラスの見方に変えていくのです。これを、「リフレーミング（枠組みを変える）」といいます。

たとえば、次のようなものが考えられます。

・神経質　↓　細かいところに気がつく
・臆病　↓　慎重
・自分を責める　↓　内省力がある
・仕事が遅い　↓　堅実に仕事をする
・短気　↓　素直
・失敗　↓　成功への一歩

細かいところまで見る校正の仕事は、神経質な人でないと務まらないと言われます。また、事故対策もそうです。綿密で、いろいろなリスクに気づく人がいてこそ、しっかりとした危機管理ができます。

どんな動物にも、一定の割合で慎重なタイプがいるそうです。もし、みんながみんな、周囲の状況や、後先を考えずに獲物に向かっていったら、敵が襲ってきたときに全滅してしまうでしょう。

自分を責めないのは楽かもしれませんが、反省がなければ、また同じ失敗を繰り返すでしょう。

どれだけ仕事が速いといっても、ミスが多かったり、中身が薄かったりすれば、あまり意味がないでしょう。

短気なのは損気ですが、マイナス面ばかりではありません。何でも思ったことを素直に言ってくれるからこそ、人間関係も風通しが良くなる、ということもあります。

失敗にしてもそうです。私たちは失敗したくありません。ところがついつい失敗してしまいます。しかし失敗することによって、私たちは大切なことをたくさん学んできたのです。もし一度も失敗したことのない人があったなら、そういう人は、逆にとても不安に違いないでしょう。「失敗しても立ち直れる」ということを、その人は知らないからです。

そういう意味では、誰もが嫌がる「失敗」も、貴重な学びの機会であり、成功への一歩と見えてくるのではないでしょうか。

このように、今まで自分の欠点だと思ってきたことが、実はあなたの長所かもしれません。

「もっと自分が変わらなきゃ」と思ってきたかもしれませんが、変わらなくても、今のあなたのままで、素敵なところがたくさんあるはずです。そこにまず目を向けましょう。

そして、その個性をぜひ、大切にしてほしいと思います。

コラム

HSPによくある誤解

PART 1

HSPは繊細すぎてメンタル弱めの人？

HSPは、あまりに強い刺激を受けると、ダメージを受けてしまうことがあります。そういう点を見て、「メンタルが弱い」と考えたり、自分のことをそう思ったりすることもあるかもしれません。

しかし、人にはダメージを乗り越え、回復する力があります。失敗を強く受け止める人ほど、大きく成長することができますし、苦しみを深く感じる人ほど、相手の苦しみに寄り添うことができるでしょう。

また、敏感さによって危険を察知したり、身体に有害なものを見分けたりするところは、逆に、大事が起きる前に防げるという「強み」でもあります。「敏感すぎる」という言い方をすると、必要のないものまでキャッチする病的な状態のように聞こえますが、**HSPは「とても敏感」ではあっても、「過剰に敏感」なわけではありません。**その敏感さが必要な場合もあるのです。

HSPはみんな、人づきあいが苦手？

HSPと言えば、人づきあいが苦手なタイプを思い浮かべるかもしれません。しかし実際は、HSPの約30パーセントは外向的だと言われています。内向性や外向性は、もともとの気質に環境が加わって、後天的に作り上げられるものです。人一倍敏感だからといって、みんな内向的というわけではないのです。

HSPは外から来る刺激を減らすため、自分一人の時間を大切にします。

そういう意味で、内向的なように見えるかもしれませんが、**本来は他人を必要とし、必要とされたいと思いますし、人間が好きです。**

幼い頃から、安心できる環境で、家族が周りとの交流を楽しんでいるところを見てきた人は、自分も安心して他人とのコミュニケーションを取れるようになるでしょう。また、社交性が身につくような教育を受けた人や、自分でそうなろうと努力してきた人も、むしろ人づきあいが得意なほうだと言えます。

HSPは生きづらい？

「HSP＝生きづらい」は、近年、非常によく言われています。しかし、**本来のHSPの概念に、「生きづらい」という意味は必ずしも含まれていません。**確かに、持ち前の敏感さから、ストレスを受けてしまいがちなのは事実です。

他の人にとっては平気な刺激をストレスに感じたり、相手の感情が手に取るようにわかるからこそ、気を遣いすぎて疲れてしまうこともあります。

しかし逆に、五感の鋭さや共感能力の高さが、生きていくうえで大きなメリットになることもあります。繊細な味の違いがわかるため、食事をより楽しむことができたり、相手の幸せを自分のことのように喜んだりできるのもまた、HSPなのです。

あるHSPは、自分の人生を「お得な人生」と表現しました。人生をより深く、豊かに味わうことができるのも、HSPとして生まれた幸せと言えるかもしれません。

HSPの敏感さは鍛えれば治る？

HSPは持って生まれた気質なので、それを変えることはできません。ですから、**心を鍛えたら治るとか、我慢を続ければ克服できるというものでは**

ありません。

むしろ、合わない環境に身を置き続けることで、それがトラウマとなり、よけいに事態を悪化させることにもなりかねません。HSPに必要なのは、自分の特性をよく理解して、その特性に合った環境を選ぶことです。また、環境自体を変えられない場合は、苦手な刺激を上手にかわしていく方法を学ぶことが大切です。

たとえば、周りの物音が気になって仕事に集中できないときは、静かな別室に移動できれば理想的です。ですが、自分の意思では環境を選べない場合もあると思います。そんなときは、ノイズキャンセリング付きのイヤホンをして音をシャットアウトするなど、自分に合った対策をすることで、快適に仕事をすることができます。

ストレスの原因から距離を取ることは、けっして「わがまま」ではありません。自分の気質と上手につきあい、解決していく道を探していくことをおすすめします。

第3章

相手がHSPでも非HSPでも、うまくつきあっていけます

―場合別コミュニケーション―

人間関係のトラブルを防ぐために

ここでは、どちらかが非HSPの場合と、お互いがHSPの場合の、それぞれの良い点、気をつけるべき点を見ていきたいと思います。

調査によると、HSPのパートナーが非HSPである確率は50パーセント、HSPである確率も50パーセントだと言われています。**親密な関係でのメリットとデメリットを理解すれば、チームや会社など、あらゆる人間関係に応用できます。**

相手が非HSPの場合、違う部分をうまく影響し合えたら、いいことはたくさんあります。何より、自分に無いものを持つ相手から認められる「満足感」が得られます。

HSPのパートナーが非HSPの場合

良い点

● 一歩踏み出す勇気をくれる

自分と感覚の違う相手は、やってみたかったけれど勇気が出なかった遊びや、心の中で密《ひそ》かに行ってみたいと思っていた場所に行くために、背中を押してくれます。安全な殻の中に閉じこもりながらも退屈だったあなたを、外に引きずり出してくれるかもしれません。

● 新しい自分を発見できる

「絶対、自分には似合わない」と決めつけていたことに挑戦する機会が増えます。

子どもの頃は苦手だったはずのものを楽しめるようになったり、「何が楽しいの？」と思っていたものの良さを、非ＨＳＰのパートナーが教えてくれたりします。

これまで気づかなかった、新たな自分を見つけることができるでしょう。

嫌な刺激から守ってくれる

非ＨＳＰとＨＳＰでは、刺激の最適レベルが違います。

ＨＳＰは騒音や人混み、あるいは、感情的に圧倒されてグッタリしてしまうことがあります。でも、相手が非ＨＳＰなら、そんなときも一緒に倒れてしまうことなく、家まで車を運転することができます。

苦手なことを代わりにやってくれたり、過剰な刺激からあなたを守ってくれたりするのも、理解のある非ＨＳＰのパートナーならたやすいことです。

物の見方が柔軟になる

刺激を求めるときも、刺激を避けたいときも、常にあらゆる可能性を考えているのがＨＳＰです。

非ＨＳＰと行動を共にすることで、石橋を叩《たた》いて叩《たた》いて壊れないか確かめなくても、案外大丈夫かもしれない、と感じるようになる人もいます。

自分がこうなのだから、皆も同じに決まっている、という考えが思い込みであることと、情報を深く読み取っていると言っても、自分がとらえているのは物事の一面でしかないことも見えてきます。思っていることや不満を素直に口に出しても、それほど傷つかない相手もいること、むしろ、ハッキリ口にしないとわからない人のほうが多いことも実感できます。

自分とは違う感覚で生きている人と一緒に過ごすことで、同じ場所にいても、同じ出来事を経験しても、実は、全く違う受け止め方をしていることがわかります。

たとえば、今までの出来事を振り返って「私の人生つらいことばっかり……」と思っていたとしても、隣にいるこの人ならどう受け止めただろうか？　と考えると、別にそんなに気にするほどのことでもなかったと思えるかもしれません。

視野が狭くなり、もうこれから何をやっても失敗するのではと落ち込んでいるとき、「そんなに考えなくてもなんとかなるよ、大丈夫だよ」という人が近くにいるだけで、何も根拠はないのにとあきれながらも、何となく安心できます。

ＨＳＰの感覚がわからないからこそ、一緒に落ち込んでしまわないからこそ、いざというときに自分を救ってくれることもあるのです。

気をつけたいこと

●休日の過ごし方、ストレスの解消法が正反対

ＨＳＰと非ＨＳＰでは、心地よいと感じる刺激の強さが違うため、それにまつわる意見の食い違いが起こりやすくなります。

たとえば、休日を一緒に過ごすとき。ＨＳＰは、「毎日仕事で疲れ切っているから、休日ぐらいはのんびりリラックスしたい」と言い、非ＨＳＰの相手は、「平日は仕事に時間を取られてしまうからこそ、休みの日は一緒にテーマパークで遊んだり、スポーツに打ち込んだりして、日頃のストレスを解消したい」と言うかもしれません。

また、仕事のあとでも毎日一緒に過ごしたいと言う非HSPに対して、HSPは「一人の時間も欲しい……」と断るため、会いたい気持ちが薄いと思われることもあります。

一緒に生活するようになると、部屋の明るさやテレビの音量、洗剤のにおいなど、ちょっとしたことでも、いちいち揉《も》めたりするのはよくあることです。

好きになるほど相手に合わせすぎてしまう

HSPと非HSPでは、やりたいことや心地よいと感じること、休みたいと思うタイミングも、異なることが多いです。

しかし、HSPは相手の感情を読み取ることが得意なので、好きになればなるほど、相手に合わせなければと思ってしまうことがあります。自分には刺激が強いと思っていても、楽しいふりをしてしまったり、どうでもいいことが気になる自分がおかしいんだと我慢したりしてしまいます。

特に、つきあって間もないときほど、服装や食事、遊びの種類など、すべて相手の思い通りにしようとしてしまいがちです。一緒にいる時間が長くなるにつれて、素の自分を出せるようになりますが、常に無理をして合わせていると、相手を騙《だま》しているような気持ちになって、自分自身もつらくなってしまいます。

●「なんでこんなこともわからないの？」とイライラする

ＨＳＰは、表情や雰囲気から相手がどんなことに困っているか、機嫌が良いか悪いかを判断するのが得意です。

そのために、相手が落ち込んでいるようなら、「何でも聞くからね」と声をかけ、疲れていそうなときはそっとしておくなど、言葉で言われる前に相手が望んでいる行動を取ることも自然とできます。

しかし、非ＨＳＰは、ＨＳＰほど相手の感情に敏感ではなく、また、そこまで察知しようという気持ちがない場合もあります。

言われる前に動き、注意されたら直すのが当たり前と思っているＨＳＰにとっては、言わないとわからない、または何度言ってもなかなか通じない相手にイライラしてしまうことがあります。

こういったことが続くと、何か不満に思っていることがあるなら、ちゃんと言葉で言ってくれたらいいのに、と不安になることもあります。

何気ない一言に、自分でも驚くほど傷つく

非ＨＳＰは、ＨＳＰのパートナーから不満をぶつけられても、あまり気にしすぎず、受け流すこともできます。

しかしＨＳＰにとっては、大切な人からの非難や注意を受け流すのは、とても難しいことです。相手が、からかうつもりで言ったとわかっていても、自分でもびっくりするぐらい傷ついてしまうことがあります。そこへさらに、「気にしなきゃいいのに」「結構細かいよね」などと言われると、気にする自分が悪いんだと思い込んでしまうこともあります。

また、傷ついたことをその場でうまく伝えられないでいると、後になって、「あのときも、あのときも……」とケンカになる度に思い出したり、相手の無神経さに腹が

立ったりして、必要以上に攻撃的になってしまうこともあります。

●相手を非ＨＳＰだと思い込みがち

ＨＳＰのあなたが、パートナーが敏感ではないように思えて、「あの人は非ＨＳＰだ」と思い込んでいたとしても、実は、敏感さの度合いや種類の違いがあるだけで、相手もＨＳＰだった、ということがよくあります。

ＨＳＰとＨＳＰの組み合わせでも、どちらかが相手と比べて敏感だったり、敏感ではないように振る舞っていたりすると、本当は二人ともＨＳＰなのに、ＨＳＰと非ＨＳＰの組み合わせに思えることがあるのです。そのため、

「自分はＨＳＰで、相手は非ＨＳＰだと思い込んでいないか」

「相手の敏感さを本当にわかっているか」

「本当にＨＳＰではないのか」

など、一度確認してみるのも良いと思います。

HSPのパートナーがHSPの場合

それでは、相手が同じHSPだったらどうでしょうか？

HSP同士の場合、自分の片割れを見つけたような「安心感」が得られます。お互いに快適な状態で、長い時間を一緒に過ごすことができます。

良い点

●心地よいと感じるものが近い

お互いがHSPであれば、お互いに心地よいと感じる刺激の強さは、近いことが多いです。

休日の過ごし方や遊びに行く場所、休憩のタイミング、部屋の明るさやテレビの音量など、ささいなことのバランスがちょうど良いと感じることも多いです。

同じ敏感さではないにしても、お互いに苦手なものや苦手な場面があることはわかるので、「なんでそんなに嫌がるの？」と言われる頻度は、かなり低くなります。

●ケンカが少ない

ＨＳＰにとって、大切に思っている相手とのケンカや相手からの人格的な非難、大切な相手を傷つけてしまった罪悪感ほど、つらい刺激はありません。

強い言葉を使わなくても、不満や要望を伝えることができますし、どんな言葉や言い方が本当に相手を傷つけるかもわかります。

お互いにできるだけ穏やかに過ごそう、と心がけていれば、関係を修復できないほど傷つく機会や、相手を傷つける機会を減らすことができます。

●一人の時間を作れる

一緒に過ごすのが快適であっても、一人で過ごす時間は確保したい。ＨＳＰの相手は、その感覚をわかってくれます。

もちろん、HSPの相手とであれば、一緒にいる時間も快適に過ごせて、自分の時間も確保できるので、心地よい距離感でいることができます。

言わなくても察してくれる

機嫌や体調を察知してくれるので、近づいてほしくないときは、そっとしておいてくれます。

「なんだか疲れたかも」と感じ始めたときに、絶妙なタイミングで「ちょっと休もう」と言ってくれたり、「なんでそんなにわかったの？　テレパシーが通じているのかも」と思うくらい、察知してくれたりすることもあります。

相手がHSPでなければ、「そんなことも、言わないとわからないの？」とイライラするようなことでも、言う前に察してくれるのが、心地よく過ごせるポイントです。

深い話ができる

将来のことや、家族のこと、人生のことなど深い話ができます。

漠然とした将来への不安、身近な人とのいざこざ、つらかった思い出、密《ひそ》かに心の中で思い続けている悩み、こんなことまで人に言っていいのか、と思うようなことも、受け止めてくれることが多いです。

「え、そんな変なことを考えてるの?」と引かれるようなことはほとんどありませんし、実は相手も、深い話ができる話し相手を求めているかもしれません。

●慎重に決断できる

日頃の買い物も、人生の大切な決断も、相手がどんどん先に行ってしまい、「ちょっと待って」と焦っているうちに、不本意に決められてしまうことがあったかもしれません。

これがいいと心の中ではもう決まっていても、気持ちの準備が整うまでに時間がかかることもあります。

HSPの相手であれば、慎重に計画を立てたい気持ちが理解できるので、決断まで時間がかかっても、あまりイライラされることがありません。

あらゆる可能性を考えて、これならきっと後悔しないという道を確実に選ぶことができるので、安心感があります。

●悲しいとき、嬉しいときに寄り添ってくれる

なぜそんなに悲しいのか、嬉しいのかを人一倍わかってくれますし、自分のことのように喜んでくれます。

こう言ってくれたら嬉しいと思う言葉をかけ、あなたの考え方の癖、置かれている状況、社会的な立場、トラブルになっている相手の性格など、さまざまな情報を把握したうえで、ピッタリのアドバイスをしてくれることもあります。

また、相手がこれまでの経験から「自分だったらこうする」と話してくれたことも、同じような感覚を持っているため、自分に当てはめて実行することが、そんなに難しくありません。

気をつけたいこと

● 言わないとわからないこともある

言う前に察してくれることもあるとはいえ、HSPは超能力者ではありません。言葉にできない気持ちや表情を読み取るのが得意なだけで、言葉にしたほうがわかりやすいのは、誰でも同じです。

相手にイライラしているとき、理由を言わないまま「なんでわからないの？」と怒っているとしたら、それはただの八つ当たりです。

また、お互いが常に自分の気持ちを察してくれることを期待し続けたら、察し合いのバトルになり、それだけで疲れ切ってしまいます。

● 相談したのに、二人で泥沼に沈むことも

HSPは共感力が高いため、相手の心の傷を自分の傷のように受け止めてしまうこ

とがあります。

相談しているほうは、ただ聞いてほしいだけなのに、悩んでいる本人よりも嘆いたり落ち込んだりしているようでは、どちらが相談しているかがわからなくなります。事態を客観的に冷静に分析し、狭くなっている視野を広げてくれる存在がいないと、二人で泥沼に沈んでいってしまうこともあります。

心のダメージを共有することも大切ですが、とりあえずご飯を食べよう、と地に足のついた解決策に向かうことも、生きていくうえでは必要です。

口ゲンカをすると、お互いに致命傷を負わせてしまう

HSPであれば、相手がどんな言葉を言ってほしいか、どんな態度をとってほしいか、よくわかる場面があります。

一方で、決して口にはしませんが、相手のトラウマや苦手としていること、一番聞きたくないと思っている言葉もよく知っている、という人が多いのではないでしょうか。

そのために、普段は絶対に触れないようにしよう、快適に過ごしてもらおうと思っていても、本気で腹が立ったとき、刺激が限界を超えて我慢できなくなったとき、意図的に相手を傷つけてしまうこともあるかもしれません。

言われたほうは深く傷つきますし、HSPなら、なおさら深く受け止めます。HSP同士であれば、お互いに一番言いたくないことを言ってしまう可能性もあります。怒りはそんなに長くは続かず、大切な相手を傷つけてしまったという罪悪感と、自己嫌悪だけが残ることになりかねません。

感覚や価値観が似ていても、同じなわけではない

同じHSPでも、HSSか非HSSか、内向的か外向的か、また生まれ育った地域や家庭環境によって、価値観や考え方は異なります。

HSPだからこう思うはず、こんな場所は苦手なはず、と思うのは、HSPに対する正しい理解とは言えません。

自分がそうだからといって、相手も同じとは限らないのは、5人に4人の非HSP

と接するときと同じです。

自分と似ている部分の多いHSPだからこそ、わずかな感覚の違いが気になったり、イライラしたり、相性が悪いんじゃないかと不安になったりすることもあると思います。

しかし、自分と全く同じ価値観の「理想の相手」を現実のパートナーと重ね合わせていても、理想が現実になるわけではありません。

「こんなとき、私はこう感じる。あなたは?」と口に出して話し合い、価値観の違いそのものを受け止めて楽しむことも、長く一緒に過ごすうえでは大切なポイントです。

刺激から守ってくれる人がいない

二人とも刺激に敏感で圧倒されやすい性質だと、いろいろと不便なこともあります。

たとえば、ドライブやショッピングなど、刺激の多い状況に置かれたとき、どちらかが非HSPであれば、状況にたくましく対処できますが、どちらもHSPの場合は、ほぼ同じタイミングで疲れ果ててしまいます。

また、ＨＳＰ同士の夫婦の場合、子どもが昼間はずっと走り回り、夜もなかなか寝ずに夜泣きがひどいタイプだったりすると、二人ともゆっくり休めずにイライラしてしまうかもしれません。

自分も相手もＨＳＰの場合には、お互いの気質をよく知り、こまめに休憩を取ること、交代で休むこと、そして何より休むことに罪悪感を持たないようにするのが大事です。人混みや音のうるさい場所など、刺激の多い状況を避ける必要もあります。

気を遣い合って距離感が縮まらない

ＨＳＰのあなたは、相手を大切に思うあまり、こんなことを言ったら嫌われるのではないか、と不安になって隠していることがあるのではないでしょうか。

相手も、自分に対して何か言いたいことがありそうだけど、無理に踏み込んだら傷つくんじゃないか、と気を遣っているかもしれません。

お互いに敏感だと、相手の心に刺激を与えないよう気を遣い合って、なかなか心の距離が縮まらないことがあります。

長い時間が経ってから、「あのときは実はこういう事情で……」と、小説のような伏線の回収をされて驚くこともよくあります。

相手を思うからこそ、ありのままの自分を出してみる

HSPと非HSP、あるいはHSP同士であっても、**親しい関係を築いていくうえでいちばん大切なのは、そのままの自分を安心してさらけ出せて、それを受け止めてもらえることです。自分のいいところも悪いところも、みんな受け入れられ、愛されているという感覚です。**

一緒に過ごす時間が短いうちは、なかなか家にいるときのような素の自分を見せられず、つい背伸びをすることも多いです。「せっかく時間を取ってくれているのだから、せめて見た目は完璧にしなければ」と装《よそお》いや振る舞いに気を遣い、常に120パーセントの自分を見せようとすると、なかなか距離は縮まりません。

しかし、もちろん、いつまでも完璧な自分で居続けることはできません。

一緒に過ごす時間が増えるにつれて、人前では見せない弱い自分や、家にいるときのルーズな一面も自然と出てきているはずです。

自分では完璧に演じていると思っていても、相手は、無意識のうちに出ているクセに魅力を感じているかもしれませんし、他の人には見せない、もっと自然な表情を写真に撮りたいと思っているかもしれません。

また、相手がＨＳＰであれば、もうとっくに、本当は隙《すき》だらけの面があることも知っていて、そんな完璧でない部分を、とってもかわいい（素敵だ）と思っていることもあります。

いずれにしても、ＨＳＰは大切な相手を傷つけないように、自分の悪い部分を知られないようにと、細心の注意を払いがちです。

しかし、相手もあなたを大切に思うなら、あなたが素の自分を出して楽に過ごせることを、何より嬉しく思ってくれるのではないでしょうか。

コラム

HSPによくある誤解

PART 2

HSPなのに文句が多い。空気を読むんじゃなかったの？

HSPはささいな刺激でも敏感にキャッチします。心地よい刺激も感じられるのですが、当然、不快な刺激も感じ取りやすいです。

また、周囲の雰囲気をよく観察し、空気を読むのが得意なのもHSPの特徴です。

不快な刺激を感じ取っても、多くの場合、「細かいことを言って困らせてはいけない」と思い、我慢します。公的な場所ではなおさらです。

そんなＨＳＰですが、安心できる環境や人が相手だと、心を許して、自分が不快に思う刺激を伝えるようになります。

非ＨＳＰからしたら、「どうしてそんなことを気にするの？」と理解しづらかったり、責められているように感じることもあるかと思います。しかし**それは、ＨＳＰがあなたを信頼しているからこそ、表れる振る舞いなのです。**

ただ非ＨＳＰだからと言って、何も傷つかないわけではありません。あまりに責められてつらいときには、非ＨＳＰも正直に「その言い方はつらい」と言っていいのです。

ＨＳＰだから、怖がりで臆病になるの？

ＨＳＰは、しばしば「臆病」と混同されます。あるいは「怖がり」と言われることもあります。

確かに、つらい経験があると臆病になったり、怖がりになったりすることはありますが、それは経験から学んだものであって、HSPだから臆病なのではありません。

HSPは、生まれつき、行動する前に慎重にリスクを考えます。「怖がり」なのではなく、慎重で、常に安全かどうかの確認をしているだけなのです。

安心感を得られる環境で育ったHSPなら、そうでない人よりも、むしろ慎重さに裏づけされた勇敢さがあります。

HSPは学校や職場が苦手？

学校や職場など、特定の大人数の人と顔を合わせる場で、気を遣ってしまうHSPは多いと思います。いっそのこと、全く知らない人相手のほうが気楽だということもあるのではないでしょうか。

周囲の人を3つのカテゴリに分けて考えてみましょう。

①家族や恋人といった、とても親しい人。
②お互いのことを知ってはいるものの、挨拶するかどうか迷ってしまうぐらいの、顔見知り程度の人。
③全く知らない初対面の人。

ＨＳＰが不得意とするのは、この②「顔見知り程度の人」とのコミュニケーションなのです。

挨拶をすべきか迷う、もし無視されたらと想像して不安になる、挨拶をしたとして、その後どう言葉をつなぐべきか悩む。こういった対応の一つひとつに、ＨＳＰはとても疲れてしまいます。

決して、学校や職場が苦手なのではなく、たとえ学校や職場が好きだったとしても、とても疲れやすいので、その疲れを十分に休んで回復させる必要があるということです。

HSPは精神病や神経症のグレーゾーン？

HSPは、精神的な病気ではないし、神経症という病気でもありません。

また、**うつ病や不安障害といった病気のグレーゾーンでもありません。**

確かに、環境が良くないとストレスを受けやすいことはありますが、良い環境で育てば、不安やうつ状態になる割合は、HSPでない人と比べて変わりがないという結果が出ています。

さらに、より良い幼少期を過ごしたHSPは、HSPでない子どもよりも病気やケガをしにくいという研究結果も出ています。

HSPという気質が問題なのではなく、環境の良し悪しが問題だということです。

第4章

あなたに必要なのは、心から甘えられる関係です

―親密さを恐れる8つの理由―

人間関係で同じ「痛み」を繰り返しているのなら

ＨＳＰの30パーセントは外向的で、70パーセントは内向的だとお話ししました。内向的なＨＳＰは、誰かと長く豊かな関係を築くセンスにあふれる一方で、対人関係には慎重なところがあります。特に恋愛のような深い人間関係には、超が付くほど慎重です。

波長の合う理想の相手が限られている、とも言えます。また、一度相手を好きになると「感情を激しく揺さぶられる」ことも理由の一つです。

ＨＳＰは、好きになった相手に近づくことも、嫌ったり嫌われたりすることも、特別に恐れます。

ＨＳＰが小さな刺激に反応するのは、五感（感覚器官そのもの）が研《と》ぎ澄《す》まされているのではなく、受け止めの深さだということは、ＨＳＰの特徴のところで、すでにお話ししました。

さらにＨＳＰが「痛み」を感じやすいのは、その受け止めによって痛みが「増幅」するからです。

もし親密な関係（夫婦や恋人など）で、同じ悩みや問題を繰り返し経験するようなら、あなたには、何かしらの「痛み」や「恐れ」があって、もしかすると、**敏感さによってそれらが実物大よりも大きく見えている**のかもしれません。

ＨＳＰでも非ＨＳＰでも、もし、次ページからの「親密さのセルフチェック」に当てはまる出来事や傾向が一つでもあれば、この章で紹介する、エレイン・Ｎ・アーロン氏の「親密さへの８つの恐れ」、第６章の「愛着スタイル」の話が参考になると思います。

✓ 親密さのセルフチェック

・「告白」は自分からはできない
・気を遣わずにすむ、楽な愛をキープしておきたい
・相手の瞳に吸い込まれて消えてしまいそうになる
・恋愛と聞くと、不快（軽蔑）感や不安感を覚える
・恋愛には疲労（リスク）しかない
・生身の恋人を持つより、いつまでも「遠くから」幻想を抱いていいたい
・いくら良さそうな相手でも、距離が縮まるといつも嫌になる
・展開が急だ（激しく好きになる・急に嫌いになる）
・「もっと自分を頼ってほしい」と不満だ
・相手を好きになりすぎるのが怖い
・デート中は常に相手を優先し、「自分のしたいこと」がわからない

- 相手を「放っておけない」という理由で交際した
- 嫌いになるかもしれないから相手の欠点を見たくない
- 嫌われるかもしれないから自分の欠点を見せたくない
- 絶対に振り回されたくないか、思いっきり振り回してほしいか、どちらか極端である
- どんなときも支配されたくないか、完全に支配してほしいか、どちらか極端である
- 期待や依存をされると不安だ
- 相手が「わがまま」になるのが心配
- 一人の時間が必要なのに、相手に伝えられない
- どんな人もいつかは自分を裏切る（恋人だってそうだ）
- 相手の既読や返信が遅いだけで不安になる
- 毎晩の電話は疲れるが、それを伝えられない
- キレられるともう無理

・ありのままの自分を出せない
・「味方」はこの世に彼（彼女）一人きりだ
・夫（妻）の意見は、いつも正しい（いつも間違いである）
・お願いやケンカをしなくなり、それぞれの生活を満喫するようになったか、別々に過ごすようになった
・相手の気質のせいで、自分は人生損をしていると思う
・私は夫（妻）を頼るしかない
・夫（妻）は自分がいないと何もできない

心の安全基地を見つける旅へ

人は、温《ぬく》もりに包まれて生まれてきました。誰かとつながり、どんなに暗い感情も共有できる、温かい感覚があると幸せです。

しかし、それを「恐れ」が上回ることもあります。たとえば、

・相手を極端に眩《まぶ》しく感じる。
・自分たちの「問題」が実際のサイズよりも大きく見える。

こういったことが起きるのは、あなたが「自分」をどこかに置き去りにしているときです。相手から切り離されたときに、安全な「自分」がどこにもいないのなら、どんな人と一緒にいても常に不安です。

こんなとき、深層心理学を学ぶことで、今まで見落とされ、抑圧されてきた本当の自分を見つけ出すことは、意味のある取り組みでしょう。

若い頃にはよく「自分探しの旅」をすると言いますが、たとえ何歳になったとしても、再び自分を見つけるために、深層心理（無意識）を探訪してみるのはいいことだと思います。

次からは、上空から心の地図を眺めるツアーに出かけたいと思います。

質問

・あなたの身近な人との関係は、うまくいっていますか？
・過去にうまくいったこと、いかなかったことはありますか？
・それぞれの場合で、ＨＳＰ的な理由があれば考えてみてください。
・対人関係において、親密になるのを恐れるようなことがありましたか？
・他にも家族を含めて、これまでの親密な関係で何か思い出すことはありますか？

絆《きずな》を深められない足かせを解きましょう

人には、他人とつながりたい、という気持ちと同時に、他人とつながることを恐れる気持ちがあります。それが「親密さへの恐れ」です。

恋人との関係が、いずれ何かしらのトラブルの源となってしまうくらいなら……と、愛情を求めながらも、相手との関係が深まることを避けようとする人も多くいます。

非ＨＳＰにもそれはありますが、ＨＳＰなら、なおさら多いかもしれません。

「親密さ」は、英語では「intimacy（インティマシー）」といいます。関係性が、フレンドリーというよりも、もう少し近い存在、恋人や夫婦、家族、私的なパートナーなどがそれに当たるでしょう。

それは、お互いがありのままの自分でいられること、相手に一番のプライベートと、その瞬間の本当の自分（思考、感情、肉体的自己）をさらけ出せる関係です。

そしてＨＳＰが幸せになるためには、数は多くなくとも、人との親密なつながりが必要です。しかし一方で、多くのＨＳＰは、親密な関係を恐れています。

なぜ親密な関係を求めながら、それを恐れるのか、その理由を、アーロン氏は８つ挙げています。さらに、その恐れを強める要因として、幼少期の愛着関係が重要です。

この章からはしばらく、その親密さへの８つの恐れについて、一つひとつ見ていきましょう。

親密さへの8つの恐れ

①素の自分を出して嫌われるのが怖い
—Fear of Exposure and Rejection—

②怒りで攻撃されるのが怖い
—Fear of Angry Attacks—

③見捨てられ不安
—Fear of Abandonment—

④コントロールを失うことへの恐れ
—Fear of Loss of Control—

⑤攻撃・破壊衝動への恐れ
—Fear of One's "Attack-and-Destroy" Impulses—

⑥飲み込まれることへの恐れ
—Fear of Being Engulfed—

⑦結婚など長期的な約束をすることへの恐れ（落ち着きたくない）
—Fear of Commitment—

⑧ささいなことで嫌ってしまうことへの恐れ
—Fear of Disliking the Other for Subtle Annoyances—

次からは、この親密さを恐れる8つの理由を、順番に紐解《ひもと》いていきたいと思います。

1 素の自分を出して嫌われることへの恐れ

本当の自分を隠してまで、その人と一緒にいたいですか？

最初に、親密になることを恐れる理由の1番め、**「素の自分を出して嫌われることへの恐れ」**から詳しくお話ししていきましょう。

素の自分をさらけ出せず、苦労している人は多いです。もちろん、多少疲れても、ちょっと無理して明るく振る舞ったり、笑ったりすることで前向きに頑張れることはあります。

しかし、背伸びした自分を「いつでも」演じ続けると疲れてしまいます。気がつくと、こういう瞬間はないでしょうか？

V

「素の自分が出せない度」チェック

- 相手に対して不安や不満に思っていることがあっても、言葉で伝えられない
- かつて「いじめ」の被害者であったこと（いじめの原因、いじめっ子の言葉）は内緒にしておきたい
- 誰かについての不満や愚痴を話すとき、本音は怒っている（傷ついている）のに、器が小さいと思われたくないから「別にいいんだけどさぁ」「私だから良かったんだけど」と前置きをする
- 「〇〇って知ってる？」と聞かれ、全然知らなくても「名前だけは聞いたことがある」と答える
- 「なんだ、嘘だったんだ」とがっかりされたくないので、もう一つ嘘を重ねる

誰もが暴かれたくないものを持っています。それは、過去の出来事や嘘、自分の中の欲望、ねたみ、無知、衝動、不安、変わった嗜好《しこう》など、いろいろです。

ＨＳＰは、特に自分の「敏感さ」が露呈《ろてい》するのを恐れ、強い人、敏感でない人を演じがちです。しかしそんな背伸びを続けていると疲れてしまいますし、何より自分自身を肯定できないでしょう。

あなたはきっと、そんな自分の欠点を知られたら、嫌われてしまう、と思っています。特にＨＳＰは、自分のネガティブな部分を顕微鏡で見るように拡大して見てしまうので、自己否定的になりがちです。

そういう気持ちを完全に払拭《ふっしょく》するのは、土の中に広く張った根を取り除くようなものので、簡単なことではありません。

ただ、別の見方をすることで、考え方が少し変化することはあります。その方法を一つ紹介しましょう。

目の前の人は、あなたを否定してきた人ではありません

世の中に欠点のない人はありません。あなたにもあるし、周りの人にもあります。

ところで、あなたの周りの人に欠点があったとして、あなたはその人をどれほど軽蔑しますか？　それほど気にしないのではないでしょうか。相手が、

「自分にはこんな欠点があって……」

と悩みを打ち明けてきたとしたら、あなたはどう答えますか？

「誰だって欠点くらいあるよ。気にしないで」

と言うのではないでしょうか。

あなたがそうなら、相手もきっとそうでしょう。

何より、欠点と思っているものをさらけ出してみると、たいしたことなかったと安心できるものです。

「素の自分を誰にも見せられない」

「ありのままの自分では、人に受け入れてもらえない」

そう思うようになったきっかけは、どこにあったのでしょうか。

たとえば、自分の本当の気持ちを言って、親がいきなりキレ出したことがあったのかもしれません。自分の欠点を相談したとき、親のがっかりした様子を見たことがあったのかもしれません。

だとしても今、目の前にいる相手は、本当の自分を出すとあなたを拒否してきた、かつての親ではありません。

相手の優しさを信頼してみましょう。人と関わることで、恐れは現実的なサイズになります。幼少期の恐れを克服するのには、今の現実の相手との関わりが不可欠です。

ハードルが高いこともあるでしょう。それは本当に好きで、嫌われたくない相手のときです。秘密を明かしたことで、相手の信頼やイメージが変化し、二人の関係が変わってしまうのではと警戒するのも無理はないことです。

しかし考えていただきたいのです。

本当の自分を隠してまで、その人と一緒にいたいのでしょうか。

その答えを出しておけば、きっと、失うものはそれほど多くないはずです。

どんな素敵な人にも欠点があるし、むしろ欠点のない人は、隙《すき》がなくて息がつまってしまうかもしれません。

自分が相手の欠点を許せるとわかれば、相手だって許してくれます。欠点があって普通なのだと安心できるでしょう。

素の自分のほうがかえって話しやすく、深い話もできて、相手も喜び、一層仲が深まるはずです。

質問

・「素の自分を出して嫌われるのが怖い」と思った出来事はありますか？
・「ある」と答えた方は、どんな出来事だったか思い出してください。
・「素の自分を出して嫌われるのが怖い」と思う相手はいますか。あるいは、これまでにいましたか？
・「いる」と答えた方は、具体的にどういう相手でしょうか。

2 怒りで攻撃される恐れ

イライラしてしまう自分を、それ以上責めなくていい

親密になることを恐れる理由の2番めは、**「怒りで攻撃される恐れ」**です。

仕方のないことで、いつまでも文句を言い続ける人。常にイライラオーラを放ち、周囲を緊張させる職場の上司。店員に執拗《しつよう》に怒り続ける客。子どもにびっくりするほどの剣幕で怒鳴る親……。

自分には関係がなくても、怒っている人を見ているだけで、つらい気持ちになるものですが、HSPならなおさらです。ましてや、その怒りを向けられる当事者になってしまったらどうでしょう?

ＨＳＰはすぐに（そう想像するだけでも）刺激がオーバーしてしまいます。

怒りによるダメージを受けないために

怒りは、「身の危険を感じて、攻撃の準備をする原始的な本能だ」という人もいます。

怒りが起きるのは、生き物として自然なことです。

しかし、特にＨＳＰにとって、怒りの感情はあまりにも刺激が強く、容易にダメージを受けてしまいます。それは他人から怒りを向けられたときだけではなく、自分の中の怒りに対してもそうです。


「こんなに怒ってしまった。なんて自分はダメな人間なんだろう……」と、怒ったあとに激しく自分を責めてしまったことは、一度や二度ではないでしょう。


そういうところから、ＨＳＰは怒りを恐れ、怒りをなんとか避けて通ろうとします。

相手の顔色を見て、なるべく怒らせないようにしたり、自分の中の怒りにフタをしたりして、「仕方がない」「自分が悪いんだ」と思い込もうとします。

中には、怒りから受けるダメージを恐れるあまり、親密な関係そのものを避けようとする人もあります。

幼少期に、親の怒りによってダメージを受けた人は、特にそうかもしれません。しかし親密な関係には、ある意味、怒りは避けては通れないものです。

親密な関係なら、必ず、怒りの感情は起きて当然なのです。

お互いを守るための怒りもあります

親密な関係に怒りは避けては通れないとしても、**「怒りにも2種類ある」**ことを知っておくといいでしょう。

2種類とは、相手をただ傷つけたいだけ、自分のストレスの単なるはけ口として向ける怒りと、もう一つは自分が傷つけられたことへの怒りです。

前者は本来、親密な関係には決して存在しないものですし、してはならないものです。信頼関係を壊すどころか、ＨＳＰにとっては有害でしかありません。

しかし**傷つけられたことへの怒りとは、自分を守るための怒り、あるいは二人の関係を守るための怒りです。これは親密な関係には、むしろ起こり得ること**と言っていいでしょう。

たとえば、「今度から、待ち合わせに30分以上遅れるときは、必ず電話かメールをしてね」と伝えていたのに、またしても連絡なしに30分以上待たされたらどうでしょう。そこで怒りが起きるのは当然で、相手に自分の尊厳を伝えねばなりません。

しかし、ストレスのはけ口にするような怒りは、親密な関係にとっては、あってはならないものです。もし相手が、繰り返しそのような怒りを向けてくるなら、そういう人とは距離を取ることが必要な場合もあります。

理由のある怒りへの対処法は？

理由のある怒りであっても、ＨＳＰは相手の怒りによってダメージを受けてしまうことがあります。そうすると、その怒りを回避することばかりを考えてしまいます。

回避するだけでは、問題が解決しないこともあります。

❶ 相手の気持ちや背景を知る

そこで、怒りを回避する以外のもう一つの道として、**「相手が何を怒っているのか、なぜ怒っているのか、その背景を探る」**ことが大切になってきます。

怒りの背景には、実は、悲しみ（大切なものを失いそう）、寂しさ（わかってくれない）、恥ずかしさ、不安、困惑、恐れなどが隠れています。そういう感情を処理できないとき、人は、「怒り」という形で相手にぶつけることがあるのです。

ＨＳＰなら、相手の隠された感情に気づく力があります。その能力を使って、怒りの背景にある気持ちを探りましょう。

もしそれがわかれば、その感情にアプローチすることで、相手の怒りを鎮《しず》めることができるかもしれません。

夫が夜遅くに酔って帰ってきたとき、妻が決まって腹を立てるのは、夫の身体を心配してのことでしょう。女性が、友人の彼氏の高収入をうらやましそうに語るとき、男性が不機嫌になってしまうのは、劣等感にさいなまれているからでしょう。

そういうときには、怒りに怒りで返したり、気づかないふりでスルーしたりするのではなく、「僕の身体を心配してくれてたんだね。ありがとう」と伝えたり、「でも、私は収入だけがその人の価値だとは思ってないからね」とフォローしたりすることで、相手の怒りを鎮《しず》め、逆に絆《きずな》を深めることもできるのです。

HSPは、相手の言葉を深くとらえ、非難を真に受けてしまいがちです。しかし、相手の本当の気持ちに気づけば、「怒りだけを受け取ってしまって傷つく」ということは少なくなるでしょう。

怒りの陰に隠れている気持ちに気づけば、相手が腹を立てている要因を取り除くこともできるし、その人が自分の思いや願いに気づけるよう、サポートすることもできるのです。

❷ 自分の伝え方の強さを考えてみる

HSPは、自分が怒りによって傷つくので、相手も同じように傷つくだろうと思って控えめに伝えようとしがちです。

しかし、HSP同士ならそれで十分ですが、非HSPの場合は、それでは伝わらないことがあります。**自分の気持ちを伝えようとするときには、特に非HSPと思われる人へは、少しキツめの言葉で伝える必要があります。**

怒りを恐れるあまり、伝えたいことが伝えられていないなら、もう一度、伝え方の強さを考えてみるといいかもしれません。

それでもHSPは怒りが苦手です。たとえ理由のある怒りであっても、相手の怒りがどうしても苦痛なら、それを我慢する必要はありません。

「してほしいことがあるなら、イライラせずにちゃんと教えて」とお願いしたり、「そういう言い方は、自分にはダメージが強すぎるからやめてほしい」と伝えたりしましょう。

それでも収まらないなら、相手が落ち着くまで一人にさせてもらうのもいいでしょう。

怒りをコントロールできない人からは離れましょう

しかし、そのような怒りではなく、次に挙げるような怒りを爆発させる人には注意が必要です。

このような特徴のある人は、あなたの力だけでは改善は困難です。専門家（カウンセラー）の力を借りるか、それも相手が拒否するなら、できるだけ早く離れることも考える必要があります。

最初はうまくいきそうでも、やがて深いダメージを受けてしまうことになりかねません。

「怒る人」でも、注意が必要なタイプ

・急に性格が変わったように怒る人
・過剰なほど怒りに駆られる人

・気分を切り替えられず、いつまでも怒りを持続させる人
・ささいなことでカッとなり、無意識に乱暴な行動をとる人
・激しい怒りを爆発させたことを覚えていない人
・昔の出来事なのに、まるで今起きたかのように怒りまくる人

このような人に必要なのは、あなたの時間と優しさではなく、専門家の力です。

3 見捨てられることへの恐れ

嫌ったり、嫌われたりする勇気が必要です

親密になることを恐れる理由の3番めは、**「見捨てられることへの恐れ」**です。

すべての人は、見捨てられることを恐れています。大事な人が去っていくとか、親が亡くなってしまうことを恐れない人はいないでしょう。もしそんな人がいるとすれば、あえて心にフタをして、他人と距離を置こうとする自己防衛かもしれません。

見捨てられることへの不安から、相手にしがみついたり、ささいなことで嫌われてしまったと感じたりすることもあります。

さらには、見捨てられる不安に耐えられず、自分から嫌われるようなことをして相

手を試し、見捨てないと確認して安心する人もいます。

特にHSPの場合は、大切な人との別れにとても強いダメージを受けます。ですから、いつも相手が裏切るのではないか、心変わりするのではないかとひそかに恐れています。

また、心のどこかで別れたほうがいいとわかっているのに、相手を傷つけたくない（HSPの場合そのまま自分が傷ついてしまう）というだけで、別れを選択できないこともあります。

「もっと一緒にいれば良かった」と後悔しないために

見捨てられ不安から、逆に他人に依存するのさえ恐れることもあります。

親密な関係では、適度な依存はむしろ必要なものですが、その依存関係を断ち切られるのを恐れるがあまり、依存そのものを拒否してしまうのです。

「相手を失ったらどうしよう」

「裏切られたり、裏切ったりしたくない」
「傷ついてどうにかなってしまうのではないか」
という恐れから、知らず知らずのうちに距離を置いてしまいます。

特に幼少期に、見捨てられたり裏切られたり喪失感を味わうと、深く根ざした不安から恋愛依存になったり、反対に相手を極端に拒絶し、避けてしまうこともあります。

「人はいつかきっと自分を見捨てていく。それなら最初から誰も信じない。ずっと一人でいい。傷つきたくないから」

そう思うことで、自分を守ろうとするのです。

たしかに、愛する人と永遠に一緒にいることはできません。大切な人との別れが、いつどのようにやってくるかは誰も予測ができません。

死別かもしれないし、どちらかの心変わりかもしれません。10年後かもしれないし、今日かもしれません。これが現実です。

では、そんな不安にどう対処すれば良いのでしょう。

別れが来ても、人生が終わるわけではないのです

ＨＳＰは深く考えるあまり、つきあう前から別れるときのことを考えて怖くなってしまいます。別れに対して引き裂かれるようなつらい痛みを感じます。どんな人であっても恋人との別れは悲しいものですが、敏感な人にとってはまるでこの世の終わりのようなつらさを感じるのです。

そのような痛みを味わうくらいなら、最初からつきあわないほうが良いと考え、自分から好意をもつことにも、相手から好意を寄せられることにも臆病になってしまいます。

気持ちはとてもわかります。ただ、人間である限り、気持ちの変化が訪れるのは仕方がないことです。このような出会いと別れを通して、人は成長できると思いますし、次はもっと相手に優しくできるようになるかもしれません。

大事なことは、振られてしまったとしても、別れが訪れたとしても、あなたの人生

が終わるほど大きな出来事ではないということです。

あなたが生きていく以上、素敵な人との出会いはいくらでもあります。いろいろな人と交流していくなかで、あなたを愛してくれる人を探していけば良いと思います。

心変わりは裏切りではなく「無意識の噴火」

アーロン氏は、相手の心変わりを「無意識の噴火」と名づけています。

どんな素晴らしい人でも、突然、裏切ることはあるのです。無意識のエネルギーにいったん火がつくと、もう押しとどめることができない、ということがあります。

そして、それは相手だけではなく、あなたも同じです。


ただそこで、別れよりも、もっと気をつけないといけないことがあります。

それは、その別れによって、

「自分は人から愛される価値のない存在だ」

「自分はこの世界にいらない人間だ」
「こんな自分はとても一人では生きていけない」
と思い込んでしまうことです。

一度そのように思い込んでしまうと、すべてのつながりを断ち、自分一人の世界に閉じこもってしまうことになりかねません。

そうなると、さらに周囲とつながりを持てなくなり、なおいっそう自分を追い詰めるという悪循環に陥ってしまいます。

ですから、そんなときには、その人とつきあう前の自分を思い出してみましょう。つきあう前には、あなたは価値のない人間だったでしょうか。一人で生きていけない人間だったでしょうか。

もしそうでなかったとするなら、別れたあとのあなたも、価値のない人間ではありません。一人で生きていけない人間でもありません。

あなたはあなたのままだし、価値を失ってなどいないのです。

「見捨てられ不安度」チェック

次に当てはまるものがないか、チェックしてみてください。

1. 上司や同僚が不機嫌だと「怒らせた」「嫌われた」と感じ、恋人の返信が遅かったり素っ気なかったりすると「関係が終わったのかも」と思い込んでしまう
2. 何気ない一言が「ディスられている」ように聞こえるが、その場で相手の真意を確認できない
3. 相手が浮気をしているように勘ぐってしまうのに、それを聞けない
4. ネガティブな記憶のほうが多く残っている

質問

・チェックをしてみて、あなたは「見捨てられ不安」が強いと感じましたか。あるいは、身近にそういう人がいると思いますか。

A. 自分だけ「見捨てられ不安」が強いと思う
B. 自分は感じないが、身近に不安の強い人はいる
C. 自分もそうだし、身近にも当てはまる人がいる
D. 自分も身近な人も当てはまらない
・あなたがこれまで他人から「大切にされた」「愛された」と感じたポジティブな出来事を思い出してください（複数可）。

解説

1～3については、相手に悪気がないことがほとんどです。悪気がないからこそ、相手は後から言われても、「それ何のこと?」と思い出せなくなるのです。そのときその場で、あなたの感じた不安を思い切って口に出してみましょう。きっと、最後には笑いながら話し合えるでしょう。ところが、そんな不安を放っておくと、「傷ついた」「不快だ」という感情だけが残って、さらに見捨てられ不安が増幅してしまいます。

4に該当した人は、いいことも思い出してみてください。

4 コントロールを失うことへの恐れ

自分のハンドルは、自分で握りましょう

親密になることを恐れる理由の４番めは、**「コントロールを失うことへの恐れ」**です。

小さい頃、友達が思い切り漕《こ》ぐブランコに二人で乗ったり、足が着かないようなプールや海で遊んだりした記憶はありませんか？　刺激的な遊びは、楽しいけれど怖いと感じることがあったかもしれません。

すべての生き物は、刺激が多すぎても少なすぎても不快になります。ちょうど良い刺激の強さが大切です。しかしＨＳＰは、自分でコントロールできないものには、すぐに刺激オーバーになります。しかも小さい子なら、それを言葉で説明することがで

きません。

電車で席がたくさん空いているのに、わざわざ隣に人が来たら嫌な感じがするように、人には他人に立ち入ってほしくない領域があります。自分と相手との間に、目には見えない境界線があることで、そういった不快な刺激や危険から守られているのです。

空間的な領域だけではありません。持ち物、時間、責任、身体や性、感情や思考……。人と人の間には、いろいろな境界線が存在します。

身近な相手との間に、適切な境界線が引けていますか？

私たちは気づかないうちに、相手の境界線を越えてしまうことがあります。

大人が良かれと思って、子どもの境界線をまたいでしまうことは多いです。着たくない服を着せたり、学校の宿題を手伝いすぎてしまったり、執拗《しつよう》なくすぐりやスキンシップもそうかもしれません。子ども同士、大人同士でも同じです。

夫婦や恋人の間では、境界線があいまいになるからこそ、「隣で激しいイビキをかかれても眠れる」「自分の持ち物を使ってもらっても平気（カード、携帯、財布など）」「ちょっと時間にルーズでもお互い気にしない」「みっともない下着を見られても何ともない」ということがあると思います。

しかし、こういうことはないでしょうか？

✓ チェック1「境界線があいまい」

・あの人をどうしても放っておけない
（自分で課題を解決するのを黙って見守ることができない）
・パートナーの声の大きさや、しゃべり方が恥ずかしい
・相手が悪いのに、なぜか自分が謝ってしまっている
・相手が内気で社交的ではないから、私は退屈だ
・尊敬するパートナーの好き（嫌い）なものは、自分も好き（嫌い）
・完全に心の中を見透かされている気がする

親密な男女は、自分の気質と相手の気質を混同してしまうことがあります。

もし、このチェックに当てはまるなら、相手の感情を自分の感情のように思い込んだり、相手の責任を自分の責任のように受け取ったりしてしまっているのかもしれません。

もしそういうことがあるなら、もう一度、適切に境界線を引き直す必要があるでしょう。

チェック２「境界線の越境」

どちらかというと境界線のあいまいなＨＳＰは、親密な関係に落ち着く前に、こういうこともあるかもしれません。

- あまり近づかれると、不安で逃げたくなる
- 何気ない一言に心が揺さぶられ、浮き沈みが激しい
- 「ノー」と言えない

・相手さえ良ければ自分はどうでもいいと思ってしまう
・かなり夢（妄想）を見がち

恋に落ちるとは、ある意味、自分より大きな何かに握られ、空中に放られるようなもので、境界線を少し壊されることになります。

この人を愛してしまうとどうなるかわからない、自分を失いそうだ、精神が崩壊するのではないかと、心身のコントロールを奪われることをひそかに恐れ、相手を遠ざけたくなるのは、境界線が柔軟ではないからです。

私たちは、生まれたときには、まだ母親とつながっていて、自分と自分以外との境界線ができていません。（ちなみに、このときに育児放棄など、自分以外の力にコントロールを奪われる経験をすると、強く原始的な恐れを残すことになります）。

しかし、やがて自我が芽生えて境界線ができると、自分にとって不要なものは、目を閉じたり、顔を背けたり、泣いて拒絶したりして追い出せるようになります。

今のあなたはもう、絶対的な力の前で無力だったあなたではないのです。

HSPには、この境界線の感覚が特に必要です。たとえそれが、細々としたか弱いものであったとしても、ある程度の境界線を持つあなたを完全に支配できる人はいません。誰かと親密な関係になったからといって、恐れているような事態にはならないでしょう。

もし相手が情熱的で、断ると多少ガッカリされたとしても、嫌なことは嫌、疲れることは疲れる、だけど「好きだよ」と、正直にはっきりと伝えましょう。

相手が一番望んでいるのは、一緒にいて、あなたも心地よくいてくれることです。

断らない優しさよりも、断る優しさが必要です

柔軟な境界線は、相手を拒絶するのでもなければ、受け入れすぎて途中で怒り出すものでもありません。どちらかが犠牲になるのではなく、相手にとっても自分にとっても、心地よい距離感を一緒に話し合って探せる人が、柔軟な境界線の持ち主です。

では、**どうすれば柔軟な境界線を持てるのでしょう？**

たとえば、友達から食事や旅行に誘われたとき、心の中ではあまり行きたくないなぁと思っていても、断るのに気が引けて、つい誘われるがまま付いて行ってしまう。他にやりたいことがあっても、せっかく誘ってくれているんだからと、自分の予定をキャンセルしてしまう。疲れていて早く帰りたいときも、かえって心配されたり気を遣われたりするのが申し訳なくて、なかなか言い出せない……ということはないでしょうか。

ＨＳＰは気持ちに応えようという思いが強いため、相手が軽い気持ちで誘っていても、なかなか断れないことがあると思います。しかし、誘われるままにつきあっていると、自分の時間が無くなってしまいます。

自分の人生ですから、行きたくないと思ったときに断るのは決して悪いことではありません。**角が立たないように断るポイントは、「誘ってくれて嬉しい」という気持ちをきちんと伝えること**です。行きたくない気持ちをそのまま伝えるのではなく、言い方を工夫しましょう。

「別の用事があるから、また今度あったら誘ってね」

「誘ってくれてありがとう。ただ、その日は予定があるから」

と、本当の気持ちを伝えながら、相手を傷つけない断り方を探してみましょう。

逆の立場から考えても、嫌々つきあってくれる人より、そのときの気持ちを丁寧に伝えてくれる人のほうが、気持ちの良いおつきあいができるのではないでしょうか。

一度断ったからと言って、すぐに嫌われてしまうということはありません。

大人になれば、生き方や価値観も人それぞれです。気が合わない人と無理やりつきあうより、むしろ自分の気持ちを尊重してくれる人とつきあっていければ、今より生きやすくなると思います。

答えは自分の中にあるのかもしれません

自分と他人との境界線は、自分の意識と無意識との境界線に似ています。境界線がうまく機能しないとき、他人を遠ざけたり、無理につなぎ止めたりしようとするのではなく、自分の無意識とコミュニケーションを取ればいいのです。

本当はどうしたいか、まず自分の無意識に聞いてみるのです。

反対からも言えます。自分の本音がわからない（自己を見失っている）とき、他人と一時交わり親密になると、この「自己の疎外」を克服できることもあります。

親密さへの恐れの克服には、無意識というテーマが欠かせません。

アーロン氏は「無意識」をこうたとえます。


無意識と寄り添って生きるHSPは、大河の土手に生きる農夫のようなものです。あるいは、火山の斜面、海の岸辺でもいいかもしれません。そこで生活をするのなら、川が氾濫したり、火山が噴火したり、台風が沿岸を通過するのに備え、逃げる準備をしておかねばなりません。

しかし農夫は、泥や灰が、前よりもずっと大地を豊穣《ほうじょう》にしてくれること、安全な地に住んでいたら、このような恵みに与《あずか》ることもできないことを知っています。

（『ひといちばい敏感なあなたが人を愛するとき』エレイン・N・アーロン著、明橋大二訳）

アーロン氏はもう一つたとえます。

海もまた、無意識の大いなるメタファーに使われます。そこで魚を獲る者は、多くの危険に直面しますが、飢えることはありえません。先祖代々、住み慣れた大地に生きることに、怖れる必要はないのです。どんなに最悪な氾濫、噴火、嵐が起きても、人はまたそこに戻ってやり直せます。自我の芽は、たとえ一時、無意識に覆い尽くされてしまったとしても、すぐにまた地表に現れるのです。

（『ひといちばい敏感なあなたが人を愛するとき』エレイン・N・アーロン著、明橋大二訳）

無意識は、非常に強力な隣人です。それを恐れて見ないようにフタをするのではなく、適度に交流しながら、仲良くやってゆくのが得策です。

たとえ一時、強い力によってコントロールを失うことがあったとしても、あなたはあなたのままです。何も失うものなどないのです。

5 攻撃・破壊してしまうことへの恐れ

嫌いになったのは、本当にその「相手」でしょうか

親しい関係であるほど、感情が激しくなるのはなぜでしょうか。

親密になることを恐れる理由の5番めは、**「攻撃・破壊してしまうことへの恐れ」**です。

「無意識」に閉じ込めてしまった自分に手を差し伸べる

アーロン氏は、人を好きになり親密になることは、「私たちの心が全体性を得よう

としていることだ」と言います。ちょっとわかりにくいかもしれませんが、一体どういうことでしょう。

心理学では、私たちの心は意識と無意識の二つに分かれていて、私たちが感じ行動することの多くは、無意識が決めていると言われます。

私たちは、無意識の力によって動かされているのです。

あの人が好き！　でも、どうして好きなのか……と考えると、「目が素敵」「父親に似ている」「食べ物の好みが合う」「尊敬できる」など、いろいろあるかもしれませんが、意識が納得する合理的な理由はしばしば後付けです。

無意識には、知識と経験が蓄積されているからです。私たちはあまり自覚していませんが、特定の職業を選択したり、ある人を本能的に嫌悪したり、同じ失敗ばかり繰り返したりするのは、すべて無意識が私たちを突き動かしているのです。

無意識にはまた、もっとディープな感情や記憶も保存されています。激しい怒りや悲しみ、あるいは、遥《はる》か彼方《かなた》に葬り去ってしまわないと、とても正常な意識を保てないような思い出（たとえばトラウマ）を、人（意識）は無意識の中に葬ってしまいます。そして、それがあることさえ認めずに封印してしまうのです。

しかし、その封印された記憶が、私たちに道を誤らせたり、過剰な不安や恐怖症を引き起こしたりすることにもなります。

ユング*はそこで、その無意識に封印されたものを意識化し、意識と無意識を統合することが、心の健康への道と考えました。そしてそれを「全体性」と名づけたのです。

*ユング　スイスの心理学者。無意識などの研究で「分析的心理学」を創始した。

親しい相手ほど、なぜ激しい怒りを感じてしまうのか?

恋をする、親密になるということは、その無意識の蓋《ふた》を少し開けることになります。

心から人を愛するとは、相手のすべてを受け入れることです。愛されるとは、誰にも言えなかった自分の本当の姿をさらけだし、それを受け入れてもらうことです。

しかし、それは同時に、今まで封印していた怒りや悲しみをさらけだすことでもあります。

これまで人に腹を立てたことなどなかったのに、恋をすると、時として相手に激しい怒りの気持ちを覚えることはないでしょうか。

今までは、「自分一人でも大丈夫、生きていける」と思っていたのに、愛する人ができると、逆に激しい孤独を感じることはないでしょうか。

それは、今まで封印していた無意識の蓋《ふた》が、少し開いたということです。

特にＨＳＰは感情反応が強いので、怒りや悲しみを強く感じがちです。それでも、幼少期から、かんしゃくや大泣きを繰り返し受け止めてもらえるような良い環境で育ったＨＳＰは、自分の感情を解放できます。

しかし、周りが自分の怒りを受け入れてくれる安全な環境でなかった場合、一切の怒りや悲しみを無意識に封印してしまいます。そして、その激しい感情は危険なものだと思い込みます。やがてそのまま大人になると、愛する人ができたときにようやく、その封印した感情を解放することになるのです。

ＨＳＰは、その激しい感情に驚き、恐れを感じるかもしれません。

たとえば、エアコンの温度設定で「暑い」「寒い」の感覚が合わず、ぐっと我慢している瞬間。

自分の頼んだことを相手が簡単に忘れてしまったとき。

相手がその母親や妹と楽しげに会話しているのを見たとき。

自分の中に攻撃性、破壊性、サディスティックなものがあることに気づいて、これは何だろう？　本当に愛なのだろうか？　と怖くなるのです。

しかし、これは自分の無意識と意識が交わる自然な過程で、「全体性」を回復するために、必要なプロセスなのです。

親密な交わりを避け、無意識から出てくる情報やエネルギーを否定し抑圧することは、逆に難しく危険でさえあります。抑えようとすればするほど、無意識はもっとあなたの注意を引こうとパワーアップして働きかけてきます。

片頭痛に悩まされたり、なぜか泣いてしまったり、死にたくなったり、あるいは、強烈な夢を見る、好きになってはいけない相手に恋をする、といったことがそうです。

怒りの本能を知ることで暴発は防げます

抑圧された衝動や本能的な欲望が、そのまま本当に相手や自分を傷つけてしまうのではと恐れる必要はありません。

ストレスがたまってイライラしてきたら、その感情に押しつぶされてしまう前に、少しずつ解放していってていいのです。怒れないのなら、それはなぜか突き止めましょう。

自分を守るための怒りもあります。深く傷つけられたとか侮辱されたと感じて、自分を守るために怒っているのなら、その怒りは我慢すべきではありません。

それに、攻撃的で破壊的な本能があったからといって、あなたはそのまま行動することはないので安心してください。結局、怖く感じるのは、長いことそれを意識から切り離してきたからです。

むしろ、そういう本能を認めて受け入れることで、意識と無意識が一つになり、暴発を防ぐことができるのです。
パートナーと話し合い、一緒に無意識を受け入れれば、さらに強い絆《きずな》で結ばれるかもしれません。

受け入れられなかった子ども時代を慈《いつく》しむ

アーロン氏は、「HSPは意識と無意識の扉（境界線）に鍵がかかっていなくて、扉が動くのを垣間見る《かいまみる》」と言います。

怒りの衝動に気づいたときは、幼少期から封印してきた怒りに気づいて解くことができるチャンスかもしれません。

たしかに子どもの頃、人一倍敏感なあなたが怒りを表現すると、周囲は途方に暮れたり、嫌がったり、拒絶し罰してきたかもしれません。

怒りを受け入れてもらえない子は、ストレスを封印するようになり、どんなに小さな怒りも悪いものと思うようになってしまいます。成人すると、過剰に相手に気を遣い、いつも優しくあろうとします。

無意識が見せる夢は、その代償です。

号泣し怒り取り乱す夢は、純粋無垢《むく》な子どものあなたが、悲しみや怒りをわかってほしくて、意識に顔を出しているのかもしれません。仕事や授業に遅れる夢は、「本当は遅刻したくない」という気持ちの表れ、殺人の夢は、「いつもいい人」であろうとする自分に決別するときが来た、という意味かもしれません。

また、たとえ怒ったとしても、相手はあなたが子どもの頃にされたような反応はしないかもしれません。自分の気持ちを素直に伝えて話し合うことで、もっと好きになってくれることだってあります。

それに、怒りも無限ではありません。怒りがどこから来たのか、その意味は何なのか、それを考えてみることで、逆に心の健康を取り戻し、パートナーとの関係をより深めることもできるのです。

あなたの無意識と向き合い、肯定してみましょう

封印してしまっている怒りや悲しみはありませんか？　次の質問に答えながら、自分を見つめる時間をとってみてください。

1．あなたの「無意識に突き動かされた」と思う経験を思い出してください。
2．身近な人に怒りや悲しみの気持ちを抱いた経験はありますか？
①ある（意識しているし、言葉にもしている）
②ある（自分でも消化できないまま溜《た》め込《こ》んでいる）
③すぐに思い出せないが、ある
④ない
3．①〜③の「ある」と答えられた方は、その具体的なエピソードを振り返ってみてください。

6 飲み込まれることへの恐れ

自分らしさを犠牲にする習慣が身についていませんか？

親密になることを恐れる理由の6番めは、**「飲み込まれることへの恐れ」**です。

飲み込まれるとは、自分でコントロールできないどころか、相手に丸ごと乗っ取られてしまうように感じることです。

共感力の高いＨＳＰは、言葉でお願いされなくても、相手の無意識の求めや感情を感じ取ります。

具体的にこんなことはありませんか？

✓「飲み込まれ不安度」チェック

・本当は傷ついているのに、場が白けないよう笑顔でいる

・意見を求められ、自分の感想ではなく相手の望むコメントを返す

・「趣味は？」と聞かれ、特にこれといった嗜好《しこう》はないが、とりあえず「相手がイメージしている自分像」を壊さないように返す

・尊敬する相手、好きな相手に指摘されると、それがたとえ軽くても、必要以上に受け取ってしまう

・恋人との親密な時間は、相手が喜ぶことしか頭になく、そのためになら自分は気持ちのいいふりでもする

困ったり弱ったりしている相手を見て放っておけなかったり、空気を読んだり、相手に応じて柔軟になれるのは、ＨＳＰの優しさや強みでもあります。

ただ、もしこれらに当てはまるのなら、あなたは「自分らしさ」を犠牲にする習慣が身についてしまっているかもしれません。

なぜ、妻が少し要求しただけで夫はキレるのか

もし、「自分は自分」という感覚や、十分な安心感を持てていなければ、〃コントロールを失う不安〃と同じように、〃飲み込まれる不安〃も強く感じるでしょう。

特に人を愛することは、相手の磁場に立ち入ることで、ＨＳＰはそれによって自分が強く影響を受けることを知っています。だから、人に近づくのを躊躇《ちゅうちょ》するのは当然のことです。

たとえば、非ＨＳＰの恋人が「もっと一緒にいたい」と言ってきたとき、その人はその人の感覚で、普通にあなたのことが大好きで、ただ一緒にいたいだけなのですが、あなたの眼には、相手が自分を飲み込もうとしているように映るかもしれません。

あるいは、妻に何か頼まれたけれど、その要望を半分しかかなえられなかったHSPの夫がいるとします。足りない半分の要望を、妻が再度詳しく伝えたとき、妻は家族にとって必要な用件をお願いしているだけなのに、夫は自分が奴隷扱いされているように受け取ってしまうことがあります。まるで「能無し」と言われているような気がして耳を塞いだり、キレたりしてしまうのです。

自分は意志も思考も必要ない、ただ強く賢い妻の言いなりで動く、ロボットになるしか生きていく術《すべ》はないように思ってしまうことさえあります。

これが、相手に飲み込まれる不安です。

いずれの場合も、「この関係を続けるには、自分が我慢するしかない」「自分のことは後回しにしたほうが楽」と思っているのかもしれません。

しかし、**あなたが求める本当の愛は、あなたの犠牲の上で成り立つものではないはずです。**

だからと言って、逆に相手の求めに全く応じないとか、相手の痛みを見て見ぬふりをすることもできないでしょう。周りからはよく、「自分自身をしっかり持って」「自分を見失わないように」とアドバイスされることもあります。しかし、相手との距離を取ることばかり考えていたら、親密な関係に入ることはできません。

「相手の痛みをやわらげたい」「相手が望むことをしたい」と思わない関係なら、それは果たして愛と呼べるでしょうか。

では、HSPはどのようにそのバランスを取れば良いでしょう？

間違っているのはいつも自分？　それとも相手？

ここで、「投影」について話をしたいと思います。それを知ることが、この恐れを解決する鍵になると思います。

果たして、相手はあなたを本当に飲み込もうと思っているのでしょうか？

確かに、子どもの頃のあなたは、周りの人を喜ばせるのが好きで、それを嗅ぎつけた大人たちは、そんなあなたを利用し飲み込もうとしたかもしれません。しかし、今あなたの前にいる人は、それらの人とは違います。

恋人が束縛してくるのが問題なら、「自分には一人の時間が必要」と伝えなければなりません。一度遠回しに話して伝わらず、全然わかってくれない気がしているだけかもしれません。

あるいは、「相手が強すぎて対等な話し合いができない（本当は自分のほうが正しい気がしているのに）」「どうせ間違っているのは自分」とあきらめてしまっているのは、自分の恐れや見たくない部分を、相手に「投影」しているのかもしれません。

「投影」とは、自分にも相手にも、良いところと悪いところがあるのに、「相手はいつも素晴らしくて、自分は全然ダメ」とか、「自分は正しいのに、相手が全部間違っている」というように、片面しか見えなくなることです。

これは、見たくない自分の一部分を、まるで「ない」かのように否定し、相手に押しつけてしまう自己防衛です。

本当は自分にもあるのに、相手に押しつけてしまうのは、悪い面だけではありません。素晴らしいもの、いい資質を全部相手に受け渡してしまい、自分には何もないように思ってしまうこともあります。

「隣の水槽の魚」が豪華に見える理由

飲み込まれるのが怖いあなたが、「投影」を減らすために必要なのは、「相手は相手」「自分は自分」という境界線です。

投影と境界線について、アーロン氏は水槽にたとえてこのように説明しています。

あなたの水槽を誰かの水槽と合体させるとします。2つの水槽が一緒になると、広くなり、魚も増えるのでよさそうです。しかし、パートナーの水槽には珍しい豪華な魚がたくさんいて、あなたのところには灰色の地味なグッピーが数匹しかいなかったらどうでしょう。水槽が混ざると、あなたの魚は無視されるか、食べられてしまうでしょう。

相手に飲み込まれてしまうという怖れは、自分の水槽は小さく、二人の間の壁

を取り払うと、自分がどこかに行ってしまうと思っていることです。（中略）
さて、パートナーの魚の実際の数や、サイズをチェックしてみてください。あなたが否定してきた、あるいは育ててこなかった魚は、本当は自分の水槽にいるのに、相手の水槽に「投影」して見てはいませんか？
もう一つ。パートナーは一体どれほど、あなたの少ない魚を飲み込み、食べたいと思っているのでしょうか？
（『ひといちばい敏感なあなたが人を愛するとき』エレイン・N・アーロン著、明橋大二訳）

幼い頃、あなたにさまざまな要求をしてきた強力《パワフル》な大人たちを振り返り、それをパートナーに投影していないか考えてみましょう。

相手が「鈍感」で「強力」で、自分を飲み込もうとしているように見えるとき、その刺激でいち早く疲れてしまう敏感な自分を、本当はあなた自身が受け入れていないことがあります。

自分にとって必要なことを、まずは自分が知って受け入れること。そして、それを相手にも伝えられるし、相手も受け入れてくれるとわかったとき、飲み込まれることへの恐れも消え去るでしょう。

ちなみに、人一倍敏感なＨＳＰは、ほめ言葉からも影響されます。

ほめられると、「期待を裏切ってはいけない」と、よけいに相手の要望に応えようとします。それがまた、「飲み込まれる不安」につながってしまうかもしれません。

しかし相手は、あなたが自己を殺してまで、自分の要求に応えてほしいと本当に思っているでしょうか？

自分にできることを伝え、相手が求めることを聞いていけば、お互いにちょうどいい合意点が見つかると思います。

それが、「適切な境界線を持つ」ということでもあるのです。

7 結婚（将来を約束すること）への恐れ

大切な選択には、時間がかかるものです

親密になることを恐れる理由の7番めは**「コミットメントの恐れ**（落ち着きたくない）**」**です。

コミットメント（Commitment）とは、ここでは結婚など長期の関係に入る約束をすることです。

結婚式で、新郎新婦はこんな誓いをします。

「健やかなるときも、病めるときも、喜びのときも、悲しみのときも、富めるときも、貧しいときも、互いを愛し、敬い、慰め合い、共に助け合い、その命ある限り真心を

尽くすことを誓います」

できれば一生真心を尽くしたいＨＳＰの中には、そんな相手に出会い、約束ができるのは素敵だと憧れながらも、自分には無理な気がしてうらやましい思いが募ります。あるいは、いつまで続くのかと不安になったりする人もいるかもしれません。

服を選ぶのでさえ悩みませんか？

人一倍物事を深く考える慎重なＨＳＰにとって、何か一つ決断するにも時間がかかりますし、勇気がいります。

服を一つ選ぶのでさえ、何度も店を回って、あらゆるシチュエーションを考えてから決めるのです。ましてや、一生を左右するかもしれない決断をするときには、相当不安にもなるし、勇気もいるのは想像に難くありません。

「相手の将来や責任を負うのが不安」

「今、未来を決めてしまう勇気がない。軽々しく約束できない」

「運命の相手は本当にこの人なのだろうか?」

「相手は本当に私なんかで幸せになれるのだろうか?」

「裏切られたらどうしよう。自分が心変わりしてしまったら?」

「できることならあいまいな関係のまま、何も決断せずにいたい」

さまざまな不安が出てきます。そのために、なかなか決心できないことがあります。

優柔不断なのではなく、理由は別のところに

私たちは本当のところ、具体的に何を恐れているのか、じっくり考える機会を持てていないことが少なくありません。

たとえば、過去に裏切りを経験したことがあるから、約束が怖いのかもしれません。

あるいは、「あなたのため」と言いながら境界に侵入してくる親を持った人は、誰かと一緒になることを恐れます。

「自分は一人で生きていく」と心に決めている人も、寄り添う相手が必要な自分を認

めたくないだけかもしれません。

生まれつき慎重で共感力の高いＨＳＰは、中でも「間違って相手を傷つける」ことを恐れます。できれば一生その人を愛していたいと思う一方で、その人と一緒になって味わうことになる喜びも痛みも、どちらも予期してしまうのです。

だから長い時間をかけてでも、「間違い」を無くしたいのは当然です。

大切なことは時間に任せず、直感に任せる

時間はたいてい、慎重なＨＳＰの味方です。

刺激が過ぎ去るのを待ち、じっくりと納得できるまで考えることで、ＨＳＰはいい決断ができます。

しかし一方で、時間をかけるだけかけて、結局何も決められないとしたら、「決断しなかった」という結果になってしまいます。

いずれにせよ、いつかは何らかの決断をしなければならないのです。あなたの直感

が「この人だ」と思うなら、自信がなくても、どこかで恐れを克服し決断しなければなりません。

では、失敗を恐れ、「どうしても決められない……」と悩んだときは、どのように乗り越えたらいいでしょう。

そのときは、「自信を持って決められないことだってある」と認めてしまうことです。**一見、取り返しのつかない（と思う）間違いをしてしまったとしても、いつでも、どこからでも、やり直しは利くものです。**

選んだ人が、あなたの敏感さを尊重してくれないとわかって、「やはりこの人でなかった」と途中で気づいたとします。それがあなたにとって本当に大切なことなら、たとえ痛みを伴うとしても、そのときにまた決断をすればいいのです。

傷つけ合うかもしれない不安には、互いの境界線を

「自分と一緒にいて、相手が傷ついたり不幸になったりするかもしれない」という恐

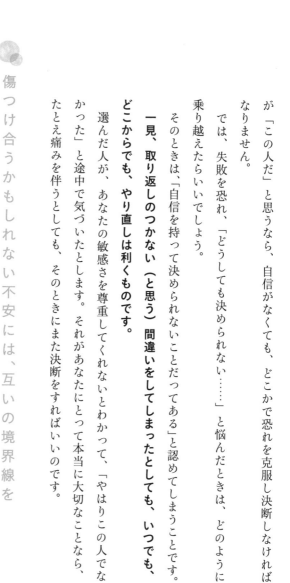

れに対しては、境界線の考え方が有効です。

相手から離れることと、一つになることのバランスを取りましょう。それが健全な依存、相互依存と言えます。パートナーがどうかというよりも、あなたの素直な気持ちに注目してみましょう。

相手がつらい思いで何かと葛藤しているとき、生まれつき共感力の高いHSPは、つられて落ち着かない気持ちになり、相手の課題を自分の問題として手を貸そうとしてしまいます。

しかし、**相手の葛藤は、本来相手が解決すべきものであって、あなたの課題ではありません。**

こんなときは、自分で問題を解決するまで距離を置いて見守りましょう。それでもなんとかやっていけるかもしれません。頼まれてもいないのに、一人で二人分の責任を背負う必要はないのです。相手の課題は、相手が解決します。

その人が自分自身のことで不機嫌になっているとき、機嫌を回復させることは、あなたの義務ではないし、相手の権利でもないのです。

相手だって、「助けてほしい」と言ってもいないのに、あなたが無理してつらい思いをする姿なんて見たくないはずです。むしろ放っておいてもらったほうが安心するかもしれません。

将来を約束したくない究極の恐れは、パートナーがいつかこの敏感さに愛想を尽かし、他の幸せを見つけて自分の許《もと》を去っていくことでしょう。想像するだけで、まるで世界の終わりのような気持ちになるかもしれません。

万が一、そんなことが起きたとしても、あなたはそこからやり直せます。

刺激を求めるタイプのＨＳＰが恋愛するときは？

好奇心の強いＨＳＳ（刺激探求型）は、束縛され、刺激（自由）が無くなることを恐れます。しかし、ＨＳＰとＨＳＳはそれぞれ独立した気質なので、ＨＳＳかつＨＳＰという人もいます。

そういう人は、さまざまな異性と楽しい経験を続けたい好奇心と、一人の相手と深くつながり落ち着きたい気持ちとが葛藤しています。

そのようなＨＳＳ／ＨＳＰは、恋多きように見えて、あるとき深く愛する相手との急展開で周囲を驚かせるかもしれません。

ただし、次々と新しいことを求めて盛り上がるのに、急に一人の時間を欲するような振れ幅の大きさは、つきあうときに言葉で説明しておくことが必要です。

そんな複雑なＨＳＳ／ＨＳＰの心がわかる相手は少ないので、同じ気質か、少なくとも気質をよく理解してくれる人を選んだらいいでしょう。

8 ささいなことで嫌ってしまうことへの恐れ

相手を許せない原因は、別のところにあるのかもしれません

「親密になることを恐れる理由」の最後（8番め）は**「ささいなことで嫌ってしまうことへの恐れ」**です。

HSPは、小さな情報をキャッチして深く処理するので、物音や空気、誰かの癖などに煩《わずら》わされがちです。

相手（特に非HSP）が、「そんなささいなことで?」と思うようなことでも、HSPにとっては、嫌なものは嫌、気になってイライラするのは十分あり得ることなのです。

あなたは、他人のどのような癖が気になったり、どういう音や匂いにストレスを感じたりしていますか？

癖

・ため息……誰のどのようなため息ですか？（　　　　）
・口癖……具体的にどのような言葉ですか？（　　　　）
・収集癖
・その他の癖（　　　　）
・気になる理由（　　　　）

音

・食事の咀嚼音《そしゃくおん》　・食器のカチャカチャ鳴る音
・子どもの泣き声　・工事などの騒音
・仕事中の誰かの私語　・足音

・鞄《かばん》やファイルをドサッと投げる音　・キーボードをたたく音
・電話の声　・隣家の生活音
・その他の音（　　　　　　　　）
・中でも最近特に気になった音（　　　　　　　　）
・気になる理由（　　　　　　　　）

匂い

・香水　・体臭　・口臭
・足臭　・生活臭　・ペット臭
・その他の匂い（　　　　　　　　）
・中でも最近特に気になった匂い（　　　　　　　　）
・気になる理由（　　　　　　　　）

イライラする気持ちをまるごと受け止めてみる

ＨＳＰは、ささいなことにイライラしながらも、こんなことを気にするのは自分だけだと思い、その苛立《いらだ》ちで相手を傷つけることを恐れます。

また、相手はおおらかな心で受け入れてくれるのに、自分はなんて器が小さいんだろうと責めます。いつそのこと、誰も愛さないか、別々の場所で生きていったほうが楽なのにとさえ思います。

実際に、こんな悩みの声が寄せられます。

「好きだけど、距離を詰めるのが怖い」

「気が利きすぎて、人に嫌われることを知った」

「子どもがネガティブな言葉を使うと、それをおおらかに受け止められず、気持ちが沈んでしまう」

ＨＳＰはそういう自分の反応を、しばしば「本当には人を愛せないのだ」と取り違えてしまいます。

相手と一緒にいるだけで、刺激がオーバーしたり、葛藤が起きたりするので、「私はこの人を好きじゃないのかもしれない」と落ち込んでしまうのです。

さらに自分が困っていることを伝えられず、重大な隠し事をしている気分になってしまいます。

こうなると、HSPの選択肢は「自分が悪いから我慢し続ける」か「相手が悪いから拒絶する」か、どちらか両極端になりがちです。

しかし、それでは親密な関係とは言えないのではないでしょうか。

「どうしてわかってくれないの？」と爆発する前に

HSPにとって、小さなことが気になってしまうのは当然のことです。

だから、そのことを丁寧に相手に伝えるのです。どのくらいの音が、どのくらい嫌なのか、感覚の違う相手には、一つひとつ繰り返し説明をしないと伝わらないものです。

「こんなことを何度も言わせないで！」と思う瞬間があるかもしれません。しかし、**相手にはあなたの冷静な説明が必要です。**一を聞いて十を知るような深い理解を期待してもダメなのです。それは感覚が違うから仕方のないことです。10回聞いても忘れてしまうことだってあります。

それでも、相手があなたのことを本当に大切に思ってくれているなら、丹念に話せば、何度だって耳を傾けてくれるはずです。

（もしもそうでない相手なら、離れたほうがいい場合もあります。あなたにはあなたの敏感さを大切にしてくれる、もっと別のいい人がいるはずです）。

不快感の本当の原因を探ってみましょう

ただし、一つだけ考えてみてほしいことがあります。どうしてその音、匂い、癖が、それほど気になるのかです。

ＨＳＰは、視聴覚が優れているというのではなく、受け取りが深いのです。不快な原因は、感覚そのものではなく、深い心（脳）の処理の過程で増幅した感情に原因はないでしょうか。

雨音は落ち着くのに、水道の蛇口を閉め忘れた音が不快なのは、

「水がもったいない」

「水道代が上がるのに何考えてるの？」

「（自分は節水しているのに相手は）なんてだらしない」

と思うからです。

朝の掃除機の音は、

「いつまで寝てるの！　もう起きたら？」

と非難されている気がして、耳障りに聞こえます。

好きな匂い、嫌いな匂いも人それぞれで、幼い頃の経験が関係していることがあります。

不快感には、原因があるのです。

感覚をきっかけに、感情をたどってみてください。

ひょっとしたら、自分の求めや訴えが「無視された」「軽んじられている」という犠牲者の感情や、「あんなに楽しそう」「うらやましい」という劣等感、「疲れていて悪いな」という後ろめたさがあるのかもしれません。

あなた自身が自分の敏感さを受け入れていなければ、いくらパートナーが頑張ってくれても、あなたのつらさは消えません。

ささいなことがどうしても気になってしまう背景に、深い自己否定の感情が隠れていることがあるからです。

ネガティビティバイアスを外す練習を

職場や親戚からの、軽い指摘や注意にすぐに凹《へこ》んでしまい、しかもそれを引きずってしまうようなことはないでしょうか。

相手からしたら、何気なくその場で思ったことを言っているだけなのに、「自分はもうダメだ……」と否定するような気持ちになり、そんな自分をまた責める。

ちょっとしたことが気になって、何度も何度も繰り返し考えてしまう、さらにそれが自己否定につながって、ネガティブ思考に陥ってしまうことは、本当によくあることだと思います。

99の長所よりも、1の短所が気になってしまう。このような性質を、ネガティビティバイアスと呼びます。欠点に目を向けそれを補おうとすることで、リスクを回避し、社会に適応しようとする生存本能です。

人はポジティブな情報よりネガティブな情報のほうが記憶に残りやすいのです。

さて、**人の心は筋肉と違って、鍛えれば強く育つとは限りません。むしろ何度も傷つくことによって、よけいに傷つきやすくなるということもあります。**

自分の心を強くすることより、相手がどういう気持ちでその言葉を言ったのかを考えていきましょう。相手からすれば、その場を和ませる冗談だったのかもしれません。何気なく思いついたことを言っただけかもしれません。

それでも自分が言われたときは落ち込んでしまって、プラスに考えることが難しいでしょう。このようなとき、一つイメージしてもらいたいことがあります。

自分の目の前の人が同じことを言われて、ひどく落ち込んで自己否定をしていたとき、あなたならどのように声をかけますか？

「ダメなんかじゃない、あなたにはもっと良いところがあるよ」

「ちょっと言われてしまっただけで、自分の全部を否定する必要は全然ないよ」

そんな優しい言葉が浮かんできたのではないでしょうか。

ＨＳＰは他人を思いやり、他人に優しい特徴があります。しかし、なかなか自分のことは大事にすることができません。

同じような人にどう声をかけるか考えると、自分がそこまで傷つく必要があるのか冷静に見つめ直すことができると思います。

そしてぜひ、自分自身にも、その優しい言葉をかけてあげてほしいのです。

すぐに傷ついてしまうことを悩みとしているＨＳＰは少なくありません。しかし、傷つかないことが良いことなのでしょうか。自分がちょっとしたことで傷つくとわかっているからこそ、人にも優しくなれるのです。

人が傷つくことに無頓着になってしまうほうが、よほど悩むべきことではないかと私は思います。ちょっとしたことで傷ついてしまうことだって、あなたの長所だとも言えるのではないでしょうか。


世界から不快の原因がなくなることはありません。

小さなイライラがやってくるとき、ＨＳＰとしての自分に目を向け、敏感さを大切にすれば、自分と相手をもっと深く愛せるようになるはずです。

そうすれば、風や音、さまざまな現象や出来事にあふれた毎日の喧騒《けんそう》を、逆に楽しむことができるようになるかもしれません。

コラム

HSPによくある誤解

PART 3

HSPって、スピリチュアル用語でしょ？

HSPと聞くと、何か霊感やスピリチュアルなどのイメージがあるかもしれませんが、研究によって見出された心理学の概念です。神秘的パワーを持っているというよりも、人一倍敏感な気質によって、人よりもわかること、感じることが多いのだと思います。

HSPは周りの変化に敏感で、自分でも無意識のうちに情報を受け止め、過去の経験や知識から物事を深く考えていることがあります。

たとえば、雨が降る予感がしたのは、風の向きや空気の匂いがいつもと違っていたからかもしれません。また、人の嘘を見破ることができるのは、相手の目線や話し方、あるいは発汗によるわずかな匂いの変化などを細かく感じることができるからです。

第六感のようにも感じられますが、HSPの気質を活かした根拠のある分析結果だと言えるでしょう。

HSPは、きちんとした科学的根拠のある、心理学概念です。

HSPは漢方やアロマテラピーで改善される？

人一倍敏感な体質自体は、持って生まれたものなので、変えることはできないし、変える必要もないと思います。

ただ、何か身体に症状が出て気になる場合、それが薬によって改善されるなら、必要に応じて使っていけば良いと思います。しかし、HSPは薬に対しても敏感なため、効果が出やすい反面、副作用も出やすい傾向があります。たとえば、安定剤を飲むとすぐに眠くなってしまう、風邪薬を飲むとだるくなるなどの症状です。

そのため、最初から安定剤などの薬に頼るよりも、漢方薬やアロマテラピーのほうがＨＳＰの身体には合っている場合があります。即効性はそれほどないかもしれませんが、自然由来の成分で緩《ゆる》やかに身体全体を整える効果があります。

実際に、漢方薬やアロマによって身体の不調が改善され、より良い生活を送れるようになった人も多いです。

身体のささいな変化を感じ取ることができるのは、ＨＳＰの長所です。その長所を活かし、自分に合った身体のケアを探してみてもいいのではないでしょうか。

ＨＳＰの原因はアダルトチルドレン？

アダルトチルドレンとは、子どものときから大人の役割をせざるを得なかった人のことを言います。

元々は、アルコール依存症の親に育てられた子どものことを指していましたが、今は、「機能不全家族」の下で育った子ども全般を言います。親の顔色をうかがいながら生活をするため、ありのままの自分に自信が持てず、大人になってからも対人関係で悩みを抱えやすいことがわかっています。

アダルトチルドレンとＨＳＰの違いは、ＨＳＰは生まれ持った気質で先天的なもの、アダルトチルドレンは育った環境によって生じた後天的なもの、ここが大きく異なります。

また、**アダルトチルドレンのうちの多くは生きづらさを感じていますが、ＨＳＰは誰もが生きづらいとは限りません。**

苦手な刺激さえ回避できれば、生きづらさを減らしていくことができるからです。

ネガティブな見方で自己否定感を持たないために

これまで、HSPによくある誤解について述べてきました。

HSPは科学的根拠のないものではなく、研究によって見出された心理学の概念です。

また、生まれつきの気質であるHSPは、精神的な病気でないことはもちろん、「臆病」「怖がり」「弱い」などと言われていることとは関係がありません。

しかし、このような偏見をHSP自身が持っていることがあります。

もしそうなら、HSPについてよく学び、自己否定感をぜひ払拭《ふっしょく》してもらいたいと思います。

第5章

相手も自分も傷つけず、気持ちを伝えるには？

―柔軟な境界線を引くためのレッスン―

責任の所在が明確なら、実力を出せる

人間関係がうまくいかない、「親密さを恐れる8つの理由」についてお話ししてきました。

過去の経験や環境から影響を受けやすいHSPは、無意識に封印してきた不安を等身大に見ていくことが何より必要です。そうすることで、ありのままの自分をさらけ出せるような親密な関係も築いていけるでしょう。

そしてもう一つ、**幸せな関係を維持していくためにも、苦しい関係を改善していくためにも、必要不可欠なのが「境界線」です。**境界線があいまいになりがちなHSPでも、これは練習によって適切に引いていけるようになります。

境界線とは？「私は私でいい」と安心できるためのライン

境界線とは何でしょうか。これは、他人と自分を区別するラインです。自分は自分であって、他の人のものではありません。他人が、許可なく自分の領域に入ることは許されませんし、自分が、他人の領域に入ることも許されません。この境界線を越えて相手の領域に入ることを、「侵入」といいます。

これは何も、家や、土地への侵入だけではありません。人間関係でも、侵入はあります。相手が、自分の心の中に、ずかずかと土足で入り込んで、「あなたはこうだ」とか、「あなたはこうするべきだ」と言う場合。あるいは、自分が、他人に対して、「きみのためを思って言っているんだ」「あなたには裏切られたわ」と言う場合。

もちろん、他の人の意見は、それなりに尊重すべきではありますが、他人が自分のことをすべて知っているわけではありませんし、正しいとも限りません。ましてや、その人の言うとおりに従わねばならない理由はありません。最終的には、自分で判断し、自分で行動を決めれば良いのです。

また責任についてもそうです。自分の責任と、他の人の責任の境界線をきちんと引く。そして、自分が責任を持つべきことは、自分が持ち、他の人が責任を持つべきことは、その人が持つ。他の人が果たすべき責任を、自分がかぶる必要はありませんし、自分が責任を持つべきことを、他の人のせいにすることはできません。

相手が自分に期待しているからといって、すべてを背負わねばならないわけではありませんし、自分が相手に好意を持っているからといって、自分の思い通りになると期待するのも間違っています。

「こうなったのはお前のせいだ」と言われて、確かに自分にも至らぬところはあった、と反省することは大切ですが、しかしすべてがあなたのせいでしょうか。相手の責任はないのでしょうか。

もし相手の責任まであなたが引き受けてしまったら、あなたもつらいですし、相手の成長の機会も奪ってしまうでしょう。**境界線を引いて、それを守る、ということは、自分を大切にすることであり、相手を大切にすることでもあるのです。**

境界線を上手に引くための練習チャート

境界線を引くのも訓練です。具体的な生活場面で、境界線を引くとはどういうことかを説明しましょう。練習していくことで、少しずつ楽な人間関係に変えていけます。

●レッスンの前の心得5カ条

1. 境界侵入は、必ずしも悪いことばかりではありません。たとえば、福祉の世界では「いい意味でのおせっかい」が大切と言われることもあります。

2. 完璧な人はいません。時には言いすぎてしまったり、甘えてしまったり、弱みをみせてしまったりすることもあるでしょう。それが普通の人間です。

3. 人によってさまざまな答えがあります。どんな人も、アドバイス通りにするのが正解とは限りません。

4．相手や心境に応じて、境界線の引き方は異なります。その都度、適切な境界線を引けるようになることが、いい人間関係を築いていくポイントです。
5．「境界線を引く」とは、相手の境界も尊重できるようになることです。

レッスン1 フェアな関係を築くには、マイナス感情も伝える

HSPは、自分の気持ち、特にマイナスの感情を相手に伝えることが苦手です。それは、自分が、人からそのようなマイナスの感情（怒り、悲しみ、落胆など）を伝えられたら、とても傷ついてしまうからです。

たとえ勇気を出して伝えたとしても、その直後から「相手はどう思っただろうか。傷ついたのではないだろうか、怒っているのではないか」と悩み出し、そのことで頭がいっぱいになってしまいます。こんなに悩むくらいなら、いっそ言わなければ良かった、自分の中で我慢しているほうが、よっぽど楽だった、と思ってしまいます。

ですから、極力、自分の気持ちは相手に伝えないように、気づかれないように振舞ってしまうのです。

確かに自分の気持ちを下手《へた》に伝えないほうが賢明なこともあります。しかしそれでも、いつも自分の気持ちは我慢して、でも、相手の気持ちはしっかり受け止めて、と続けていると、だんだんしんどくなってしまいます。

なぜなら、そういう関係は、フェアな関係ではないからです。**一方に余分な負担を強いる関係は、長続きしません。**

HSPは、相手の気持ちを自分が受け止めることは当然のように思っているのに、自分の気持ちを相手に受け止めてもらうことには、強い罪悪感を持ちがちです。でも、自分が相手を受け止めているなら、少なくとも同じくらい、相手もこちらを受け止めてくれて当然ではないでしょうか。

それでこそ、フェアな関係と言えるのだと思います。

HSPは、人からマイナスの感情を向けられると、とても傷つきます。相手もきっとそうだろう、と思ってしまいます。もちろん相手もHSPなら、同じように傷つくかもしれません。しかし多くの人は、あなたほどには気にしていないかもしれません。

「こんなことを言ってしまった。きっとあの人は傷ついているだろう。どうしよう」と一晩中悩んで、翌日、勇気を出して、「ごめんね、昨日は」と切り出してみた。ところが相手には、「え？　何が？」と言われる。「昨日、こんなこと言ったじゃない」と言うと、「え、そうだったっけ？」と言われる。「悪いこと言ったなと思って」と言うと、「え、全然気にしてないよ。気にしすぎだよ」と言われた、そういう経験はないでしょうか？

相手は、自分ほどには、そんなことを気にしない人かもしれない、ということを、少し念頭に置くようにしましょう。これが一つめのアドバイスです。

レッスン2　相手を傷つけずに、自分の気持ちを届ける方法

次に、自分の気持ちの伝え方です。

たとえば、相手の人と、ある場所で待ち合わせの約束をしていたけれども、連絡もなく、相手が来なかったとします。こちらとしては待たされたし、相手が事故にあったのではないかと心配したし、また自分が裏切られた、ないがしろにされた、という

気持ちにもなりました。

ところがこちらから連絡をしてみると、相手が約束を完全に忘れていたことが判明。自分との約束を何だと思っているのかと、かなり腹が立ってきてしまいます。

それでも自分の気持ちは言わずに、「そうなんだ。でも、あなたが無事で良かった。事故にあったんじゃないかと心配してたんだから」と伝える方法もあると思います。

しかし、もしそういうことがたびたび続くなら、やはりこちらの気持ちもしっかり伝えて、相手に約束をちゃんと守るように、もし約束が果たせないなら、連絡なり何なりしてほしいことを伝えねばなりません。

そういうときの伝え方に、いくつかのパターンがあります。

❶「あなたは○○だ」……相手にダメ出しをする

一つめは、

「だからあなたは、いい加減な人なのよ。この裏切り者！」

「あなたなんて最低だわ！」

これは、「あなたは○○だ」という伝え方です。

相手に「○○だ」というレッテルを貼る言い方で、相手の全人格を否定することにもなりかねません。

こちらの気持ちを強烈に相手に伝える効果はありますが、相手もこういう言い方をされたら、傷ついたり、逆ギレしたりするかもしれません。

❷「○○するのは良くない」……一般論を持ち出す

二つめは、

「連絡もなしに約束を破るなんて、いけないことだわ」

「連絡ぐらいしてよ」

これは、相手の人格そのものではなく、相手の行為に対して、苦言を呈する言い方です。「あなたが○○するのは、○○だ」というメッセージです。

相手の全人格を否定するわけではないので、一番めの言い方よりは、マイルドですし、しかも相手の問題点をはっきり伝えているので、わかりやすいです。

しかしやはり、相手を問題にする言い方であることには変わりなく、また、今回のことで、自分がどういう気持ちになったのかを伝えることはできません。ですから、相手は、自分が非難されたとは思っても、あなたの気持ちにまでは気づけないかもしれません。

③「私は悲しい、心配だ」……感情をストレートに伝える

三つめは、

「連絡もなかったから、心配したんだよ」

「私のこと忘れてるんだと思って、悲しかったんだよ」

これは、自分の気持ちをストレートに相手に伝える方法です。「あなたの行為に対して、私は○○と思った、感じた」ということです。

これによって、相手は、自分の行いによって、あなたがどういう気持ちになったのか、はっきり知ることができます。それによって、「ごめん、心配させて悪かったよ」という言葉を引き出すことができるかもしれません。

④「あなたは○○かもしれないけど、私はこう感じる」……第三者の立場で説明

四つめは、

「忙しいのかもしれないけど、連絡がないと、私は、事故にでもあったんじゃないかと、ものすごく心配してしまうんだよ」

「ドタキャンされると、あなたは単に忘れていただけかもしれないけど、私は、自分がすごくないがしろにされた気がして、悲しくなる」

これは、自分の気持ちをストレートに伝えるだけではなく、自分と相手の関係を、第三者の立場から、説明する言い方です。「あなたは○○かもしれないけど、私はそれによって、○○と感じてしまう」という言い方です。

相手は、これによって、あなたの気持ちを知ることができるだけでなく、自分の事情も酌《く》まれているので、比較的冷静に受け止めることができます。

どの言い方がいいというわけではなく、それぞれの状況に応じて、適切な伝え方があるのだと思います。

しかし、HSPが、「こう言ったら相手は傷つくのではないか」と思って、なかなか自分のことが言えないとしたら、四番めの言い方ならば、比較的相手を傷つけずに、こちらのことを理解してもらいやすいのではないでしょうか。

ですから、**一番め、二番めの言い方よりは、三番め、四番めの言い方を、少し練習してみましょう**、というのが二つめのアドバイスです。

「自分の取扱説明書」を渡すときは、慎重に

特に四番めの言い方は、少し練習が必要です。

これをうまくやるコツは、自分と相手を、少し離れたところから（斜め上方から）観察する自分をイメージします。

そして、そこから、仲裁者《ちゅうさいしゃ》のように、相手はこういう事情だよね、でも、それによ

って、こちらはこういう気持ちになりましたよね、ということを実況中継する感じです。これは自分の気持ちだけではなく、状況を説明するときにも有効です。

ＨＳＰは、照明の強さや、騒音に、人一倍悩まされます。一度にたくさんのことを頼まれるとパニックになってしまいます。適切な対応をしてもらうと、素晴らしい能力を発揮できますが、不適切な扱いをされると、能力を発揮できないどころか、病気になってしまうこともあります。

しかし、自分のことは、言わなければ、なかなか気づいてもらえません。

ところが、「言えばわがままと思われるんじゃないか」「『特別扱いしろということか』と、逆に怒られたり、否定されたりするんじゃないか」と心配になり、なかなか言うことはできません。

そのときには、この四番めの言い方で、自分の状況をできるだけ相手に伝えてみましょう。

「普通は○○だと思うんですが、私の場合は、どうしても○○になってしまうんです。無理を言って申し訳ないですが、○○してもらえますか？」

というような感じです。

別のたとえで言えば、自分の簡単な「取扱説明書」を持ち、それを、第三者として相手に伝えるように、「この人の取り扱い方はこうです」と説明する感じです。

相手にもよりますが、そんなに無理難題を言わない限りは、「へえ、そうなんだ。それは気づかなかった。じゃあこれからはそうするよ。また何かあったら言ってね」と言われることが多いです。

ただ、どれだけ言葉に気をつけても、こういったことが通じない人もあります。「神経質でわがままな人」というレッテルを貼られてしまう危険性もあります。伝えるときは、慎重に相手を見極めることも大切です。

いずれにしても、**自分ばかりが我慢するのではなく、また、相手を責めるのでもなく、自分と相手の妥協点を探りながら、提案していく**、そういう生き方ができれば、自分も他人も大切にする生き方につながっていくのではないかと思います。

今、ここから人間関係は変えていける

ここまでの話で、あなたの魅力も課題も、「生まれつき、人一倍敏感なこと」と「過去の経験（特に幼少期）」の両方が深く関係していることがわかってきたのではないかと思います。

ＨＳＰは生まれつきだから変わらないし、治療すべきものではない。それはもちろんその通りです。

しかし、もしあなたが今現在、人間関係のつまずきを感じ、傷を負い、生きづらさを抱えているなら、それは放置すべきではありません。

過去の嫌な出来事の引き金が「刺激」なら、その経験はおそらくＨＳＰであることが多かれ少なかれ関係しているでしょう。

しかし一方で、**そのつらい経験は「敏感だったせいで失敗した」「敏感すぎる反応をしたために嫌われた」ということなのでしょうか。**そこで自分の敏感さを責めてしまってはいないでしょうか。

本当にすべてが「敏感さ」のせいだったのか、一つずつ振り返って見直していかなければなりません。

過去のマイナス体験を振り返り、正しくとらえ直す

ミスや失敗、恥ずかしい思い、誰かの心無い言葉や態度は、なぜ起きたのでしょう？

いじめっ子はあなたの敏感さを攻撃していたのでしょうか？

あなたが敏感だから自分を守ることができなかったのでしょうか？

その出来事を、当時のあなたはどうとらえ、今にどう影響していますか？

もしあなたや両親、友達、上司がＨＳＰをよく理解していたら、どのような結果に

なっていたでしょうか？
次の三つの悩みを通して、もう少し具体的な考え方を示したいと思います。

1. 自分の正義感に振り回され、他人を傷つけて自己嫌悪に陥る
2. そこまでしなくても良いと上司から指摘される
3. 高圧的な相手の言いなりになって、振り回されてしまう

よく気がつき、必ず過去を振り返ってリスクを確認するＨＳＰが抱えがちな悩みだと思います。

悩み1 自分の正義感に振り回され、他人を傷つけて自己嫌悪に陥る

正義感を持つのは大切なことです。あなたが気づいて声を上げることで、ほんの一時傷ついてしまう人もいるかもしれませんが、それ以上に、もっとたくさんの人が助かっているはずです。

見ないこと、無かったことにするより、大切な経験が蓄積されていくのです。

悩み2 そこまでしなくても良いと上司から指摘される

上司への報告、連絡、相談（報連相）は、煙たがられることがあったとしても、それはトラブルを防ぎ、あなたの信頼にもつながる重要な仕事です。

いい加減な上司だと、あなたの報告が批判のように聞こえて嫌がるかもしれませんが、それはその人の問題です。あなたは関係なく、なすべき仕事をしていればいいのです。（もちろん報告内容をシンプルにまとめることや、タイミングは大事です）。

悩み3 高圧的な相手の言いなりになって、振り回されてしまう

反論して言い合いになるなど、ケンカをするというのがすごく苦痛なのだと思います。そうなるぐらいなら、自分が我慢したほうが楽だと思ってしまいます。

反論できないうちに、どんどん相手のペースになり、依存的な相手だと、「あ、この人は全部言うことを聞いてくれるんだ」と、さらに依存してきます。依存されると、

よけいに言えなくなって、アリ地獄のように取り込まれていきます。

ただ、もし相手が大人なら、自分の気持ちを伝えたり、反対意見を言ったりしても、「ああ、なるほど。そういう考え方もあるんだ」「気づかなくてごめん。無理言って悪かった」と受け入れてくれるはずです。こちらが冷静に事情や意見を述べているのに、いきなり怒りだすような人は、あまり大人とは言えないでしょう。

思い通りに進まなかったり、結果が裏目に出てしまったりするのは、その時々の状況にもよるのですが、過去の不安感が拭《ぬぐ》い去《さ》れないのなら、以下のチェックリストで振り返ってみてください。

V 心の傷を癒すための振り返りチェックリスト

1. 心の傷になった出来事を思い出し、一つ選びましょう。
2. そのとき、どのような刺激があり、あなたは何を感じましたか？

3．どうしてそのような状況になったのでしょう？
4．それが起きたとき、親や教師や上司は何を考えていたでしょうか？
5．彼らがもし、あなたがＨＳＰだと知っていて、必要な配慮を心得ていたなら、違う結果になっていたでしょうか？

（ただし、過去を思い出して、あまりにもつらくなるときには、カウンセラーなど専門家の助けを借りましょう）。

「気質か、過去の経験か」を切り分けるのは決して簡単ではありませんし、思い出したくないこともあるかもしれません。

しかし、「敏感さは悪くはなかった」、あるいは「敏感さから、そうせざるを得なかった」とわかれば、不要な痛みは消え去るでしょう。

そこから、今後のあなたの人生は大きく変わり始めるかもしれません。

第6章

子どもの頃、感情を押し殺してきませんでしたか？

―安心できる居場所を求めて―

あなたの愛着スタイルは何型でしょうか

人は、生まれたときから、少しでも安心して生きていくために、一定の対人関係の「パターン」を持つようになります。

中でも、「愛着スタイル」と言われるパターンは、すべての土台になります。

安定した愛着スタイルを持つことは、変化への適応力を生み出します。

それは、幸せな人間関係と人生には不可欠なのです。

この章からは、そのことについてお話ししましょう。

生き方の土台は、乳幼児期に自分で決めている

アメリカの児童心理学者ミーガン・グンナーは、赤ちゃんは生まれて9カ月のときに、そばにいる養育者が支援的で思いやりのある人かどうかを見分けていると言います。

乳児は一人では何もできないので、自分の面倒をみてくれる誰かとのつながりを持ち始めます。そこで、その関係が安心できるものであるように、乳幼児のうちに愛着パターンを決めます。

こうして形成された愛着スタイルは、成人してからも、「他者をどう見るか」についての基本的な枠組みとなります。

それが大きく覆《くつがえ》されるような出来事がない限り、その人の世界観、人間観となって、長く人生に影響を与え続けるのです。

今の対人関係のルーツはどこに？

まず、あなたの「愛着スタイル」はどこに入るでしょうか？

乳幼児期の養育者（たいていは親）との関係はどうであったか、大人になった今、対人関係にどのような傾向があるか、考えるきっかけになればと思います。

あなたが多く当てはまると感じるグループを、ＡＢＣの中から一つ選んでみてください。

愛着スタイルチェックリスト

● A―①

・親は、私が困っていることに気づくとすぐに助けてくれた
・親は、私が何かにチャレンジするとき、信じて見守ってくれた

・家族と過ごした時間を思い出すと、優しくて安心する感じがする

A―②

・全般　大体誰とでも、程よく心地よいつきあいができる

・仕事　ピンチのときは迷わず周囲に助けを求める。快く助けてもらえると信じている

・友人　他人との距離感が心配や苦痛になることはあまりない。友達とは言いたいことを言える仲だ

・恋人　相手に依存されるのも、自分が好きになる気持ちにも、心配や不安がない

B―①

・親は日によって私への接し方や言うことが違うことがあった

・親は「私のため」ではなく、「自分の都合」で子育てをしていると思った

・家族は私の「味方」でいてくれないこともあった

・「愛してくれた」「また同じ親の元に生まれたい」と100パーセントは言い切れない

●B―②

・全般　今は順調でも、いつか必ず裏切られる
・仕事　そのうち「要らない」と解雇されるのではないかと不安だ
・友人　陰で悪口を言われているのではないかと心配だ
・恋人「好きです」「結婚したい」と本音を言うと相手が不快になる気がする

●C―①

・家族とのいい思い出が少ない、親と過ごした時間はあまり記憶にない
・親は私を邪魔者扱いしていた気がする
・親に拒否された、認めてもらえなかった記憶がある
・「生んで後悔している」のが親の本音だと感じたことがある

● C—②

・全般　人間関係は基本的に煩《わずら》わしい
・仕事　できれば仕事を辞めたい。仕事の同僚とプライベートでのつきあいなどあり得ない
・友人　人を頼らずに自分でなんとかしてほしい
・恋人　心の距離を縮められると不安になる、わがままを言われるのではないかと心配だ

当てはまる傾向が強いのは、ＡＢＣのどれでしたか？
①は、あなたが子どもの頃の養育者との関係はどうであったかを聞いています。
②は、成人してからのあなたです。全部当てはまるところがあったり、そのときの状況や気分で違ったりするかもしれません。
しかし、この中に気になる言葉があるなら、今、あなたの無意識がそのことについ

て考えてほしいと伝えているのです。

心の安全基地は、親子関係以外でも獲得できる

A．安定型

Aが強そうならば、あなたの愛着スタイルは「安定型」でしょう。安定型の人は、生まれたときの養育者（多くの場合、親です）との関係が安定しています。親は、自分ではなくあなたの求めを優先してくれました。あなたが「そばにいてほしい」「安全で気持ちいいと感じていたい」ときは、「いつもそばにいるよ」と抱きしめてくれました。

あなたが一人で世界を探索しに行きたいときは「行っておいで」と送り出し、あなたがピンチになると助けてくれました。

Aのグループの人は、まず①の内容に思い当たり、②の例にも多く当てはまります。

親が安心して送り出し、困ったらいつでも抱きしめてくれた心地よい感覚が、今も心の中にしっかりと残っています。

だから大人になった今も、「大丈夫、自分はやっていける」と自信があり、他人にも「信じてもらえる」「いつでも助けてくれる」と安心して頼れるのです。

心の中に、安全基地があると言われます。

①の内容の中では、AよりもBやCに当てはまるのに、②の例はAだというなら、あなたは、愛着の研究者たちが**「獲得された安定型」**と言う人です。つらい幼少期を乗り越えてきた自分をほめましょう。

すべての人の約半分は安定型で、安定型かどうかと、HSPかどうかは、関係はありません。ですから、読者のみなさんの半数は安定型です。

一方で、残りの半分の人たちは、養育者を頼れず恐れや不安を感じてきた不安定型です。

BとCに思い当たることが多い場合は、もしかすると不安定型かもしれません。Bはとらわれ型、Cは回避型の愛着スタイルを示します。（Cの回避的な愛着スタイルにも、また2通りあります）。

B．とらわれ型

とらわれ型の愛着スタイル（B）は、親の世話に一貫性がなく、あなたが冒険しようとすると、親は強い不安を示すので、あなたにとって安心できるスタイル（パターン）は、その人からずっと離れないでいることでした。

C．回避型

回避型の愛着スタイル（C）は、養育者が忙しすぎることで生じます。ストレスが多すぎる、病気、そばにいてくれない、世話をしてくれない、または危険な親と一緒にいると、その子にとって一番安心できるスタイルは、親との距離を保ち、助けを求めたり、煩《わずら》わせたりしないようにすることでした。

不安定型になるような生い立ちがあったために、「どうせうまくいかない」「一人ではやっていけない」「他人は自分を裏切る」というパターンが染みついてしまっているとしたら、**これからあなたには、それを覆《くつがえ》すほどの経験がたくさん必要**です。

生きづらさを変えるチャンスは、今ここから

あなたが過去を振り返り、未来を変えていきたいと思うのなら、安定型になれるチャンスはいつだってあります。

HSPの場合、良い状況ではうまくやっていけそうですが、悪い状況では多くの困難を抱えます。HSPとしての自分の身に起きていることを理解し、いい思い出を増やして安定型になることが必要不可欠です。

あなたが今も否定的な過去を繰り返してしまうのは、「そう育てられたから」だけでも、「HSPだから」だけでもありません。その両方の作用が複雑に絡《から》み合《あ》っていて、どちらかだけが問題ということはないのです。

小さい頃のあなたの眼に映っていたのが、「忙しい」「厳しい」「愛してくれない」母親だったとしても、成人したあなたが振り返ってみると違うかもしれません。

あのときの親が本当はちゃんと自分を愛してくれていたことが、自分が親になって我が子を抱きしめたときにわかるという人は多いです。

子ども時代をよく洞察することで、生まれつき「恐れや不安が多い」「暗い」「メンタルが弱い」というわけではなかったことがわかり、否定的なレッテルを払拭《ふっしょく》できることもあります。

そしてさらに、「大変だったね、もう助けを求めていいんだよ」と自分を受け入れることもできるのです。

このようにして、**意識的に安定型になる人は、もともと安定型であるよりも、魅力的な人柄になれる**と言われます。

そして、とらわれ型は、誰かの一貫した注目に感謝できるようになります。本当は寂しい回避型も、孤独に対処できて他人にも自分にも優しい人になれるのです。

どうしたら安定型になれるのでしょうか？　次からは、それぞれのスタイルを詳しく見ていきましょう。

振り返り

AからCに挙げた例は、あなたの記憶を引き出すための、ほんの一例に過ぎません。あなたの養育者との関係はもっと複雑だったはずです。その後の人生でも、いろいろなことがあったと思います。思い出す出来事があれば、それを振り返ってみましょう。

不幸な「愛着スタイル」だったからこそ、より魅力的な人に

愛着スタイルについて、詳しくお話ししていきたいと思います。

養育者との関係で安心を感じていた「安定型」は、約50パーセントの人に見られます。今も「私は大丈夫」「私は愛されている」と自分に自信があり、「人は信じてくれる」「誰も私を見捨てない」「みんないつでも助けてくれる」と他人を頼れます。

人は、自分に期待や信用を寄せてくれる人を裏切りたくないので、相手を信じることのできる安定型は、友情も恋愛もうまくいきやすいです。

仕事でも自立心とバランス感覚があり、ストレスがあっても投げ出さず、感情的になることも、ネガティブになることも少ないです。

過干渉か放任か、安心できずに育った「とらわれ型」とは

養育者の接し方が一貫しないことで愛情を感じられなかった「とらわれ型」は、約10パーセントの人に見られます。

あるときは突き放され、またあるときは過干渉に育てられてきたので、相手のことを好きになっても、自分の価値を信じられません。

養育者がそばにいたのは、その人自身の求めを満たすためだったので、あなたはずっと「ありのままの自分が愛されている」と感ずることができず、独りで「どうしたら私を見てくれるのだろう?」と不安を感じてきました。

乳幼児なら、なんとかして親の気持ちをつなぎ止めようとします。生きるためにそうするしかなかったのです。

とらわれ型のまま大人になると、**相手を好きだからこそ、気になったり疑ったりしてしまう気持ちが強くなって、しつこく連絡をしたり、思い通りにならないと怒った**

りします。

しかし、それは相手に「あなたのことを信じていない」と伝えているようなものです。あなたに信頼してもらえない人たちは、「どうせ信じてもらえないのなら」と、本当に裏切る行動に出てしまうかもしれません。

そんなことが繰り返されてきたのですから、あなたがいつも不安で自分に自信が持てないのは、無理もないことなのです。

40パーセントの人が当てはまる「回避型」に2通り

❶ 心に鎧《よろい》を着た「拒絶・回避型」

「回避型」にも二つあります。一つは、養育者に「僕のことを見て」「抱きしめて」という心の求めにも、身体的な求めにも応えてもらえなかった人です。「拒絶・回避型」と言います。全人口の約25パーセントの人が当てはまります。

あなたは、「刺激がオーバーしてつらい」「愛してくれなくて悲しい」という感情を、「僕は平気だよ」と自分から切り離すことで、刺激や痛み、悲しみから自分を守ってきたのです。

大人になると、**「自分は正しく、相手が悪い」と自信にあふれているようですが、本当は、自分を否定しています。**自分の感情をずっと抑えてきたからです。

悲しみ、怒り、恐れを受け入れず、心を切り離してきた結果、あなたには幼少期の記憶がありません。

大人になると、虚無感や疎外感に気づくこともあります。

カウンセリングを受けても、心に鎧《よろい》を着て感情に乏しいので、問題なしと診断されたり、治療が難航したりします。「自立している私に愛は不要」「忙しいので」と言うのですが、心の底には隠し切れない「とらわれ」があります。

だから、甘え上手な人を見ると、異常にイライラしたりするのです。「本当は甘えたい」という気持ちを押し殺してきたからです。

あるいは、人とのつきあいを損得勘定でしか考えなかったりします。「この人は、自分にとってどういうメリットがあるか」でしか、人間関係に意味を見出せないのです。

男性の場合、いわゆる「男らしさ」の概念の中に、「他人を頼ったり、感情を表したりしてはいけない」という考え方があるので、このタイプは男性に多いと言われます。

❷ トラウマを抱える「恐怖・回避型」

自分を否定しているという点では、深刻なトラウマに苦しむ「恐怖・回避型」も同じです。全人口の約15パーセントに当てはまります。

彼らは慢性的に臆病で、心配性で抑うつ的で孤独です。

同じ回避型でも、「自分は正しい」と思っている拒絶型と違い、恐怖型はどんなときも「自分が悪い」としか考えられません。「悪いのは全部自分」と思い込むことで、自分を守ろうとしているのです。

たとえば「私はいい子にしているのに、お父さんとお母さんに罰せられる」と思うよりも、「お父さんとお母さんがケンカするのは、私が悪いからだ」と思ったほうが、まだコントロールが利くような気がして、安心できるからです。

恐怖型の愛着スタイルの大人は、**自分は傷つけられて当然と思っていて、傷つく前に他人を攻撃しなくてはならず、敵意さえ抱いていることもあります。**

恐怖型には「混乱型」という別名があるように、人に近づくことを本心では求めていながら、人に近づくと強い恐怖に襲われます。

「見捨てられるのではないか」「傷つけられるのではないか」と恐れ、強い葛藤と動揺から、言動も混乱しがちになるのです。

不幸の連鎖は自分の手で断ち切る

生きることは世界を探索し続けることで、いつも危険や刺激と隣り合わせです。そこで刺激を調整しながらどう対処していくか、という生きる術《すべ》は、生まれつきではなく、養育者との関わりの中で温められ、磨かれていきます。

今、もしも不安定なパターンが染み付いてしまっていたとしたら、それは敏感さのせいではありません。養育者との関わりが不幸だったのです。

しかも、HSPであることによって、愛着スタイルから受ける影響は、さらに大きくなります。

実は、**安定型は、安定型同士で惹《ひ》かれ合うのですが、不安定型も、お互いに苦しくなるのに、不安定な相手と惹《ひ》かれ合う傾向**があります。これは、恋人との関係だけではありません。

子どもの頃、愛情を感じられず、ずっと不安だったとらわれ型や、精神的または身体的に虐待されてきた回避型は、人間関係や職業選びで不幸な選択を繰り返しがちです。

誰も守ってくれない、あるいは敵ばかりの世界にたった一人取り残される恐怖から、偽りの愛や、信じる価値のないものに強く引き寄せられてしまう人もいます。虚無感や疎外感に飲み込まれ、自殺を図る人もいます。

特に、両親に自分の理想を重ねていたのに、急に極端な形で裏切られたり幻滅させられたりした人に多いです。

愛着スタイルがときどき不安定になる、あるいはいつも不安定な場合、何より大切なことは、これから安定型に変わることです。

愛着スタイルは、幼少期に決定してしまったら、一生変わらないというものではありません。

「獲得された安定型」という言葉があるように、後天的に身につけることができます。

しかもHSPは、安定型を身につけることに、ずば抜けた才能を持っているのです。

次項で、その方法についてお話ししましょう。

人間関係に苦しんできた人ほど、ゴールは近い
——あなたが自分を受け入れるために

愛着スタイルが不安定型の人にとって、何よりも大切なことは、これから安定型に変わることです。カウンセラーはたいてい、対人関係についてこうアドバイスします。

「とりあえず、相手を信じてみる。それが難しければ、信じたふりから始めましょう」

しかし、これはHSPには難しいです。相手の感情に敏感で、受け止めの深いHSPは、相手が不機嫌だと自分が悪いと思い、嫌われていると思い込みがちです。

長い間、そう想定しておくことで、裏切られても傷つかないように危険を回避してきたのですから、無理もありません。

それなのに、今また危険を察知している（予感している）のを無視して、相手を信じた「ふり」をしなさいと言われても難しいのです。

自分はどんな人間か。他者は自分をどう思うか。

無意識にまで浸透している自己否定のパターンがあるなら、意識して一つずつ打ち消し、変えていかなければなりません。相手とのコミュニケーションで、不安を感じる瞬間がそのチャンスです。チャンスは毎日たくさんあります。

最近、相手とのコミュニケーションで不安を感じたのはどんなときですか？　まずは、一つ考えてみましょう。

挨拶を返されなかったのは、あなたの責任でしょうか？

たとえば不安を感じたのが、「今朝、挨拶をしたとき、相手が目を合わせてくれなかった」だったとしましょう。

あなたはとっさに、「嫌われたかな？」「もしかしたら、これから毎日無視されるようになるかも」「あの人だけではない、他の人もきっと同じように私を避けるようになる」「(恋人なら) 近々別れるのかな」「(雇用主なら) そのうち解雇されるか、冷遇される」と心の中で想像します。

すると、次にその相手と顔を合わせるだけで緊張したり、なんとか好かれようと愛《あい》嬌《きょう》を振りまいたり、案外優しくされて胸を撫《な》で下《お》ろしたりします。相手の態度に一喜一憂して、疲れてきたのではないでしょうか。

これからは、不安定な心が感じとったものを鵜《う》呑《の》みにせず、こう立ち止まって考えてみましょう。

① 相手が微妙な表情をした原因は、本当に自分にありますか?

そう思う根拠は具体的に何でしょうか?

誰にでも「たまたま」不機嫌な日はあります。

優しいあなたとは違って「体調が悪い」「お腹が空いている」だけで負のオーラを露骨に出す人だっているのです。

仮に嫌われたとして、だから一体何だというのでしょう。

あなたの身にどのような現実的な問題が生じますか？

本当に不都合ですか？

そこまで気遣って好かれたいと思うのはなぜですか？

②仮にあなたが悪かった（相手に迷惑をかけていた）としたら

それは具体的に何ですか？

改善できそうですか？

思い切って謝ってみると、「全然問題なかった」ことを教えてもらえるかもしれません。

腹を割った会話ができて、相手もあなたを理解してくれるようになります。

③愛着の問題がその不安を大きく見せてはいませんか？

自分の愛着スタイルをとらえ直すと、少しずつ安心できるのではないでしょうか。

不安を感じたときこそ、他人を信じる習慣を少しずつ身につけるチャンスです。

次のように、それぞれの愛着スタイルに応じた方法もあります。

とらわれ型は、相手との距離を置き「自分」にフォーカスする

とらわれ型なら、相手を信じたときに、少し距離を取ってみるといいと言われます。

相手の顔色をうかがうのをやめて、自分の好きなことをして過ごしてみるのです。

休日ぐらい、家族のために部屋の掃除をして過ごすのではなく、外に遊びに行くとすっきりします。

たまには自分の欲しいものを買ったり、夕食を作るのをサボったりしてもいいのです。優雅に外食するのも悪くはないでしょう。

あなたが幸せそうにしているほうが、家族も嬉しいはずです。

おいしいものを食べさせてもらったほうが、またおいしい食事を作れるようになります。

職場の昼休みは、同僚に合わせようと神経をすり減らして過ごしたり、責任を感じて仕事を続けてしまったりするのはやめましょう。たっぷり1時間、「自分のため」に本でも読んでリラックスしたらいいでしょう。

近くの喫茶店に行き、仕事と関係のない店主やお客さんたちと会話をすれば、視野が広がるかもしれません。

そんなことをしている間に「大変な事態になる」「それは自分のせいだ」「怒られてしまう」と心配するかもしれませんが、それは普通にはないことです。

あるいは、「誰かが代わりに対応してくれた」とか、「着信履歴が残っている」「再送のメールが届いている」「どこに行ってたの?」と聞かれるような事件(あなたにとっては)が勃発《ぼっぱつ》したとしても、仕事中には当然あり得ることです。

それで取り返しがつかないようなことには、たいていなりません。あなたが戻ってから対応すれば、何とでもなるはずです。

「こうしておけば大丈夫」「他人を頼っても良かった」と安心できる経験を少しずつ増やしていきましょう。

LINEの既読は気にしない、仕事の返信は催促していい

メールやLINEでは、既読の有無を「怒らせたかな?」「かまってくれない」と不安いっぱいで待つのではなく、相手からの連絡(返信)やお誘いが来てから、恋人がいたことを思い出して、待ち合わせの場所を考えるくらいでちょうどいいかもしれません。

仕事では反対に、相手に投げたものをHSPは放置したり、忘れたりできません。気になって仕方がないのに、気を遣いすぎて「催促していいのか?」と悩んでしまうこともあります。

不安になるくらいなら我慢せず、堂々と要求したほうがいいのです。ビジネス上では、当然のことです。

意識を他人に向けるのではなく、自分に向け、自分のための時間を過ごすようにすれば、あなたの魅力は間違いなく倍増していきます。

冷たかったかもしれない恋人は、あなたの虜《とりこ》となるでしょう。配偶者は感謝してくれるようになります。

仕事なら、せっかくのＨＳＰの才能を「誰かの言いなり」や「なだめ役」「補佐」として、全部費やしてしまわないようにしましょう。

そうすれば、本来のＨＳＰらしい創造力で課題の本質を見抜き、慎重に企画を構想し、絶妙なバランス感覚で実行できる貴重な人材になれるのです。

回避型は拒絶を恐れず、良い環境や人に近づいていく

回避型なら、意識して自分から相手に近づき、良い環境を選ぶようにするといいでしょう。

これまでは、無意識に不安定な関係や、幸せとは言えない環境を選んできたかもしれません。自己都合でしかあなたを大切にしてくれない、理不尽な上司（職場）の下に居続けたのはなぜですか？

もっといい人がいるかもしれないのに、そうでない関係に甘んじるのはなぜですか？

本当のあなたは、決して嫌なことをされたり、誰かに都合良く利用されたりして当然の人間ではないのです。

それなのに、「やりがいだってある」「仕方ない」と、そこに居続けるのはなぜですか？

あなたが恐れているのは、変化ですか？　それとも、自分らしくあろうとしたときに、誰かに拒絶されること、否定されることでしょうか。

もし、過去からずっと否定されるのを恐れてきたなら、これからは、少々危険を冒したとしても勇気を出して安全な場所に行き、そこで温かい関係を増やしていかなければなりません。

必要なのは、あなたの熱い求めにも、冷たい態度にも屈しないで接してくれる人たちです。その人は、あとからあなたがそういう温かい関係を増やすときに支えになってくれるでしょう。

本当はつらいのに、悲しみや怒りを押し殺していませんか？

こう話しても、回避型の中には「今は忙しい」「充実している」「否定的な感覚はない」と、問題そのものを否認する人がいます。

しかし、問題を抱えている証拠に、どこか調子が悪いのです。特にＨＳＰなら、人一倍ストレスや恐れ、トラウマを味わい、刺激の影響を心身に受けます。

心身が刺激にあふれたとき、本当はつらいのに、感覚（感情）と自分とを切り離しがちです。

他人のせいで刺激がオーバーしているのに、ＨＳＰは自分の感じていることを無視して、「ストレスのない人なんていないんだから」「こんなことで弱音を吐くような自分じゃない」と、自分の気持ちにフタをして、平気を装《よそお》うのです。

もし、いつもどこか心身の調子が悪いとすれば、そうやって自分を守ろうと感受性を押し殺してきた結果かもしれません。

自分の感情を知るのが難しいと感じるなら、まずは「どこか痛むところはないか」「疲れていないか」「変なストレスがないか」と、身体の感覚に目を向けるところから始めてもいいかもしれません。

そのとき、自分の手で身体を触ってみるといいでしょう。

素直で弱い自分を受け入れ、親しい関係に踏み込むためには、不安定な愛着のせいでどれほどつらい人生を歩んでしまったのか、きちんと嘆き、悲しみ、怒ることが必要です。

あなたの中の悲しみや怒りは、まだ気づかれてもいない、あるいは言葉にならないほど暗い、絶望的な感情かもしれません。

しかし、癒しを得るには、それを「感じる」必要があるのです。

もしかしたら、あなたに必要な温かい安定的な関係は、まずは専門家との絆《きずな》かもしれません。

時間はかかっても、負の思考パターンは変えていけます

不安定な愛着スタイルは、長い年月をかけて作られてきたものなので、変えるのには、時間も労力も必要です。

自己否定感を注意深く見つけて、粘り強く打ち消していかなければなりません。

愛着スタイルは、「過去は繰り返す」という予測に基づいて作られた最適な生存方法なので、変化することを拒《こば》みます。特にHSPは、生まれつきその予測に縛られやすいので、なおさらかもしれません。

長いこと不安定でいた人は、嫌なことがあると「自分は嫌なことをされて仕方ない人間」「他人も嫌なことをして当然と思っている」「やめてくれとは言えなかった」「あぁ、また負のパターンに陥っている。なんてダメな私だろう」と自分を責め、不安定な愛着を強化してしまいがちです。

そんなときこそ、安定型になろうと頑張っている自分を認めましょう。

あなたが自分を癒すのは、あなた一人のためではありません。

愛着スタイルは、あなたとそばにいる誰かの幸せを大きく左右します。

あなたが、過去の小さなトゲに気づいて、その毒を抜き、安定型になることで、もしかすると、世界中の悲しみや痛みを抱えている人たちを励まし、その人たちの未来を大きく変えられるかもしれません。

今からでも遅くはありません。

あなたは変化を恐れるかもしれませんが、恐れを「感じている」のなら、もうすでに変化は起きています。

本当のあなたと出会い、幸せへ続く扉を開けば

ここまで読んで、どこか「激しい感情があふれ出そうになる」「何か心がザワザワする」ところがありませんでしたか？　もしそうだとしたら、それも、変化の兆《きざ》しかもしれません。

ＨＳＰは、自分の心の底からのＳＯＳのメッセージを聞き取ることが得意です。

そのメッセージと向き合うとき、あなた自身も知らなかった、本当のあなたと出会う扉が開かれているのです。

そこから、あなただけではなく、あなたの周囲の大切な人をも、幸せへと導く道程《みちのり》が続いているにちがいありません。

第7章

HSPの生きやすい世界は、すべての人が生きやすい世界です

―ニューロダイバーシティ―

周りに合わせられなくても、あなたの価値は変わらない

皆さんは、「君って個性的だね」と言われたら、どういう気持ちになるでしょうか。

昭和生まれの私（しかも関西出身）としては、「個性的だね」と言われても、決して悪い気はしないですし、むしろほめ言葉のように聞こえます。さらに「君って変わってるね」とでも言われようものなら、「よっしゃ!」と心の中でガッツポーズを取りたくなります。逆に「君ってフツウだね」と言われると、一番落ち込むと思います。

ところが先日、ネットの記事を見ていると、今の若い人にとっては、「個性的」という言葉は、決してほめ言葉ではなく、むしろ否定的なニュアンスが強いとあって、びっくりしました。

本当だろうかと思って、他の記事も見てみたのですが、やはり、今の若い人にとっては、否定的な意味で使われることが多く、「一番言われたくない言葉だ」と書かれたものもありました。

要するに、「個性的」というのは、言葉としては良いように聞こえますが、実際は、「周囲から浮いている」「悪い意味で目立っている」「空気を読めない人間」という意味で使われているようなのです。

学校生活の中で「いかにいじめのターゲットにならないか」に全神経を集中する、今の過酷な環境をくぐり抜けてきた人たちには、それは必要な生存手段だったのかもしれません。

しかし考えてみれば、これは今の若い人だけに限ったことではないように思います。

西洋の**「罪の文化」**に対して、日本は**「恥の文化」**と言われるように、日本人は、周囲の人からどう思われるか、に何よりも気を遣い、人に迷惑をかけないこと、人から笑われないことを、何よりも重要な行動規範としてきました。そこから生まれたのが、いわゆる**「同調圧力」**というものです。

同調圧力の強いところでは、人と同じであること、周囲に合わせることが最優先され、人と違っていると、陰口を叩《たた》かれたり、排除されたりします。

これは学校に始まって、職場や地域、社会に至るまで、この国に深く根付いている価値観でしょう。

もちろん、同調圧力や恥の文化の良い面もたくさんあると思います。

しかし**精神科医の目から見ると、この強い同調圧力が、私たちの心を縛り、私たちの生きづらさの原因の一つになっているのではないかと思えてならないのです。**

学校に行けなくなった子どもたちの多くは、「自分の人生は終わった」と言います。人と同じことができない自分はダメ人間で、これから社会に出て生きていけるとは、到底思えないからだと思います。

会社や役所などでは、前例があることが重視されます。今まで誰もやったことのないことには、「リスクが高すぎる」と中止の圧力がかかります。

本当は、人はみな違うのだから、育つ環境も、働き方も、発想も、違って当然だし、人と同じでないからこそ、自分だけの価値を生み出せるのだと思います。

それが逆に、他の人と違うから、既存の型にはまらないからと言って、否定されたり排除されたりする、そんな環境の中で、人は自分らしさを見失い、病んでいくのではないでしょうか。

「他人と違う」という偏見のレッテルをはがそう

そんな中で、HSPという概念は、「敏感さ」という特性に光を当て、その意義を明らかにすることで、少数派の存在価値を、何よりも鮮明にしたと言えるでしょう。

今まで「気が弱い」とか「臆病」だとか「神経質」と言われていた自己否定のレッテルを引きはがし、世の機微を鋭敏に察知する相談役としての役割を示したのです。

人と違うことは決してダメなことではない。むしろ「違い」は生物の生存戦略であり、生き残るために必要なこと。だからこそ、そういうDNAが人類の歴史の中で受け継がれてきたのだ、ということです。

そういう、**「同調圧力」**とは反対の価値観を持つ言葉として、最近注目されているのが、**「ニューロダイバーシティ」**という言葉です。

もともと発達障がいの臨床から生まれた言葉ですが、最近、急速に社会に広がりつつあります。「ニューロ」とは神経、「ダイバーシティ」は多様性のことで、「神経多様性」と訳されます。

「生物多様性」という言葉があります。これは、さまざまな種、さまざまな個体がいることによって、全体として強くなることを指しています。もし単一の特性しかなければ、環境の激変によって、生物は一気に絶滅してしまうでしょう。多様な特性があることで、一部は死滅しても、一部は生き残る。生命はそのようにして、子孫を残してきたのです。

ちょうど同じように、神経の発達にも多様性があります。定型発達か、そうでないかだけではなく、一つの型に当てはまらないような、多様な特性が存在することに意味がある。**それぞれが大切な役割を持った、必要な存在だということです。**

たとえば、ASD（自閉症スペクトラム）や、ADHD（注意欠如多動症）は、確かにある種の困難を抱えていますし、手助けが必要なところもあります。しかしその一方、いわゆる「天才」と言われる人の中には、実はASDであったと思われる人も少なくありません。

有名なところでは、アインシュタインや、ビル・ゲイツ、スティーブ・ジョブスなどは、みなASDではないかと言われています。ADHDで有名なのはエジソンです。そういう人たちは、自分の特性を逆に強みにして、人類史に残る仕事をしています。

そのような特別な才能がたとえなくても、私の出会った人の中には、たとえばASDなら、車で通った道の看板をすべて記憶していて、あとで知りたい情報を教えてもらえたり、普通なら飽きるような仕事でも、言われた通りにまじめに何年も継続していたり、ADHDであれば、確かに落ち着きはないけれど人懐《ひとなつ》っこくて憎めない、愛されキャラの子どももいました。

それぞれに大切な役割があり、必要な存在なのだということです。

多様性を認めれば、すべての人が生きやすい社会に

ＨＳＰは、さまざまなことに敏感ですが、身体的には特に、化学物質や添加物、環境の変化が苦手です。しかし、そのような環境を脅《おびや》かすものが人体にとって良くないのは、何もＨＳＰに限ったことではないでしょう。他の人にとっても、本当は身体に良くないものであるはずです。みんなにとって良くないことを、人一倍敏感な感性で教えてくれるのが、ＨＳＰという存在なのです。

よく、ＨＳＰやＨＳＣについて講演で話をすると、学校の先生などから、このような質問を受けることがあります。

「確かにそういう人がいるのはわかるけれど、クラスにはたくさんの子どもがいるんです。そんな一部の子だけ特別扱いはできませんよ」

先生方も、いろいろと苦労をされているのだと思います。しかし私はこういう話を

することで、HSPやHSCだけを特別扱いしてくれとか、腫《は》れ物に触るように接してほしいなどと言うつもりは、毛頭ないのです。そうではなくて、HSPやHSCに必要な配慮は、すべての人にとって必要な配慮なのです。

「先生が教室で怒鳴るのが嫌だ」と言うのは、HSCだけでなく、すべての子どもが嫌なことなのです。

添加物だらけの食べ物で体調が悪くなるのは、HSPだけでなく、本当はすべての人の健康にとって良くないことであるはずです。

そういう**人間にとって良くないことを、人一倍敏感な感性で教えてくれるのが、HSPという存在**だということです。

そしてそれは、HSPだけではありません。さまざまな特性に配慮する社会は、実はすべての人にとってやさしい社会です。駅のホームにエレベーターが必要なのは、何も車椅子の人だけではないでしょう。本当はすべての人に必要です。

なぜなら、すべての人はやがて年を取り、階段を上るのが困難になるわけですから。

病院の自販機には、コインを入れるところに受け皿があります。その受け皿にコインを置けば、自然とコインは機械に吸い込まれていきます。もともとは目や指が不自由な人のために考案されたのでしょうが、これもお年寄りにとってはとても助かる装置です。

ある特性に配慮する社会は、すべての人にとってやさしい社会です。

多様性を認める社会は、すべての人にとって、生きやすい社会なのです。

夫婦や恋人同士、親子、学校の友達、職場の同僚。

一人ひとり違うし、得意なこと、苦手なことも違います。だからこそ、人と人とはつながり合えるし、お互いを必要とするのではないでしょうか。

誰一人排除することなく、お互いの役割をリスペクトして、支え合う社会。そんな社会こそが、生きやすい社会と言えるに違いありません。

ＨＳＰを通じて、お互いの違いを理解し合う、少しでもこの本がそのためのヒントになれば幸いです。

著者略歴

明橋　大二（あけはし　だいじ）

精神科医。

昭和34年、大阪府生まれ。京都大学医学部卒。現在、真生会富山病院心療内科部長。児童相談所嘱託医、NPO法人子どもの権利支援センターぱれっと理事長、一般社団法人HAT共同代表。

（「一般社団法人HAT」 www.hat-a.com）

長年の診察で、人一倍敏感な子がいることを感じていたときに、エレイン・N・アーロン氏の著書に出会い、強く共感を覚える。

著書に『なぜ生きる』（共著）、『教えて、明橋先生！ 何かほかの子と違う？ HSCの育て方Q&A』、500万部突破の「子育てハッピーアドバイス」シリーズ（1万年堂出版刊）、翻訳書に『ひといちばい敏感な子』、『ひといちばい敏感なあなたが人を愛するとき』（エレイン・N・アーロン 著、青春出版社刊）など、多数。

装幀　小口 翔平＋阿部 早紀子（tobufune）
本文デザイン　宮本 巴奈

HSPのためのハッピーアドバイス

令和5年（2023）10月20日　第1刷発行

著者　明橋 大二
発行所　株式会社1万年堂出版
〒101-0052　東京都千代田区神田小川町2-4-20-5F
電話　03-3518-2126
FAX　03-3518-2127
https://www.10000nen.com/
校閲　鷗来堂
製作　1万年堂ライフ
印刷所　中央精版印刷株式会社

 ISBN978-4-86626-082-2　C0011

教えて、明橋先生！

何かほかの子と違う？ ＨＳＣの育て方Ｑ＆Ａ

明橋 大二 著

ひといちばい敏感な子が輝く とっておきのアドバイス

「何か育て方を間違ってる？」

ほかの子と違うことの多いＨＳＣを育てる親の気持ちは、なかなか周りには理解されないものです。

そんな悩みに、明橋大二先生がＱ＆Ａ形式で温かく答えます。

定価1,430円（10%税込）四六判224ページ
ISBN978-4-86626-039-6

ＨＳＣの子育て ハッピーアドバイス

ＨＳＣ＝ひといちばい敏感な子

明橋 大二 著
イラスト 太田 知子

ＨＳＣを誰よりも理解し、 親子で幸せになるには

５人に１人の敏感な子の子育ては、そうでない子の子育てと、違うことがたくさんあります。

ＨＳＣの知識を得て、スキルを身につければ、不安が安心に変わり、子どもの個性はぐんぐん伸びていきます。

定価1,320円（10%税込）四六判232ページ
ISBN978-4-86626-034-1

なぜ生きる

高森 顕徹 監修
明橋 大二（精神科医）
伊藤 健太郎（哲学者）
著

こんな毎日のくり返しに、どんな意味があるのだろう？

忙しい毎日の中で、ふと、「何のためにがんばっているのだろう」と思うことはありませんか。

幸福とは？　人生とは？

誰もが一度は抱く疑問に、精神科医と哲学者の異色のコンビが答えます。

定価1,650円（10%税込）四六判上製372ページ
ISBN978-4-925253-01-7

家族と生きる ハッピーアドバイス

人生100年時代 心と心のつながり

明橋 大二 著
イラスト 太田 知子

人生100年時代を幸せに生きるために

家族との関係を円滑に保つには、どうすればいいのでしょうか。

年老いていく親、定年後の夫婦関係、大人になった子どもとのすれ違い……。

多くの人が直面する悩みに、解決の道を示してくれる一冊です。

定価1,650円（10%税込）四六判240ページ
ISBN978-4-86626-077-8